Luckeneder • Loderbauer
76 Seen im Salzkammergut

Monika Luckeneder • Hannes Loderbauer

Wandererlebnis

76 Seen im Salzkammergut

Wanderungen und Spaziergänge

NP
BUCHVERLAG

Dieser Wanderführer wurde mit größtmöglicher Sorgfalt und Genauigkeit zusammengestellt. Die Begehung sämtlicher Routen erfolgt jedoch auf eigene Gefahr und Verantwortung! Weder der Verfasser noch der Verlag können daher irgendwelche Haftungen übernehmen.

Titelbild: Hallstatt am Hallstättersee

Bildnachweis

Umschlagbild: austria-pictures/Bohaumilitzy

Josef Limberger
Seite 44, 128
Monika Luckeneder
Seite 54, 78, 122, 147 oben
Hans Pilz
Seite 14, 21, 23, 25, 48, 53, 61, 63, 80, 87, 91, 96, 101, 108, 115, 118, 141, 143, 145, 153, 156, 157, 159, 160, 162, 164
Andreas Röbl
Umschlag hinten, Seite 7, 17, 24, 27, 31, 38, 40, 47, 51, 52, 55, 58, 59, 64, 65, 69, 71, 73, 77, 85, 86, 90, 100, 106, 130, 136, 138, 144, 147 unten, 148, 150, 152, 171
Andreas Wilfer
Seite 11, 56, 68, 93, 110, 113, 134, 135, 151

Bibliographische Information Der Deutschen Bibliothek
Die Deutsche Bibliothek verzeichnet diese Publikation in der Deutschen Nationalbibliographie; detaillierte bibliographische Daten sind im Internet über http://dnb.ddb.de abrufbar.

NP BUCHVERLAG
St. Pölten – Wien – Linz

www.np-buch.at
verlag@np-buch.at

Satz, Repro, grafische Gestaltung: druck- und werbeagentur tanczos KEG, Leonding
Kartografie: Arbeitsgemeinschaft Kartographie, St. Georgen am Steinfelde

Druck, Bindung: Obersteirische Druckerei und Verlagsgesmbh, Leoben

ISBN 3-85326-143-4

Inhalt

VORWORT

Wie es zu diesem Buch kam

Vor vielen Jahren erwähnte mein Vater Hannes Loderbauer in einem Gespräch mit dem damaligen Leiter des OÖ Landesverlages, dass es im Salzkammergut 76 Seen gäbe. Das entlockte diesem den Ausruf: „Das wäre ja ein Buch!" Und damit war die Idee zu unserem Seen-Führer geboren.
Ich begleitete meinen Vater Hannes Loderbauer schon als kleines Mädchen zu diesen See-Zielen. Für die Neuauflage war mein Mann Manfred mein treuer Schofför und Wanderbegleiter. Kein See widerstand seiner Bade- und Schwimmlust, sogar in den Eisseen am Dachstein schwamm er mit den Eiswürferln um die Wette!

Wir wünschen Ihnen nun viel Freude und Vergnügen beim Erwandern unserer „nassen Ziele". Genießen Sie die unglaubliche Vielfalt an landschaftlicher Schönheit, die das Salzkammergut zu bieten hat.

Monika Luckeneder

EINLEITUNG

Das Salzkammergut

Sämtliche Urgewalten haben im Laufe von Millionen Jahren zusammengewirkt, damit das Salzkammergut in seiner einzigartigen Vielfalt entstehen konnte.
Im tropischen Urmeer, das unsere Erde bedeckte, wuchsen gewaltige Korallenriffe. Diese mächtigen Stöcke wurden in dieser erdgeschichtlichen Zeitspanne verschoben, über weite Distanzen verfrachtet, hochgehoben und wie ein Kartenstapel ineinander geschoben. Bereits damals entstand der markante Gegensatz von Gipfeln und Tälern.

Das Salzkammergut in den „eisigen Zeiten" – die Entstehung der Seen

In den Eiszeiten wurde das „Wunder Salzkammergut " vollendet. Man weiß heute, dass es im Salzkammergut nicht nur die vier uns bekannten Eiszeiten gab, sondern dass dieses Gebiet mindestens 32 Kälte- und Wärmeperioden überdauern musste. Die Gletscher des Dachsteins, des Toten Gebirges und der Tauern vereinigten sich zu einem gewaltigen Eisstromnetz, dessen Zungen weit in alle Täler vordrangen. In der letzten Eiszeit drangen die Eismassen im Norden des Salzkammergutes etwa bis Schörfling bzw. Gmunden vor.
In dieser letzten Eiszeit, der Würmeiszeit, 60.000–10.000 Jahre vor unserer Zeitrechnung, erhielt das Salzkammergut die endgültige Form. Auch damals war das gesamte Gebiet von einem mächtigen Eispanzer bedeckt. Diese bis zu 1.000 m dicken Eisschilde lagen jedoch nicht starr auf dem Untergrund, sondern bewegten sich, flossen talwärts. An der Basis des Eispanzers froren Gesteinsbruchstücke fest und wurden vom Gletscher mittransportiert, Felsen, ja ganze Berge, wurden geschliffen, nur die Gipfel über 1.000 m ragten aus der geschlossenen Eisdecke heraus.
Die Kräfte der sich bewegenden Eismassen waren so enorm, dass sie auch die Landschaft veränderten: Der Gletscher schürfte sich seinen Weg durch die Täler, die dadurch ihre abgerundete Form erhielten. Wo sich das Eis zwischen unbeweglichen Bergstöcken eingezwängt fand, hobelte und schabte und schürfte es sich einfach in die Tiefe, dabei wurden die in der Urzeit bereits ausgeformten Täler „übertieft".
Mancherorts wurde der Untergrund so tief ausgehobelt, dass sich nach dem Abschmelzen des Eises in den Becken Seen entwickeln konnten – die Geburtsstunde der Salzkammergutseen.
Auch an den ehemaligen Enden der Gletscherzungen bildeten sich Seen, die vom Schutt der Moränen umgürtet waren.

Hochmoorseen entwickelten sich aus Resteislinsen, die der Gletscher in diesen Vertiefungen zurückließ.
Im Laufe der Zeit zog sich der Gletscher auf das Plateau des Hohen Dachsteins zurück.
Die Gletscher leiden schwer unter dem Klimawandel: Allein in den wenigen Jahren unseres noch jungen Jahrhunderts schmolz mehr Gletschereis als im ganzen vergangenen Jahrhundert ...

Das Salzkammergut – seine Lage

Am Salzkammergut haben drei Bundesländer Anteil, nämlich Oberösterreich, die Steiermark und Salzburg.
Es wird – in groben Zügen – im Norden begrenzt durch die Westautobahn, im Osten durch das Tote Gebirge, im Süden und Südwesten durch Dachstein und Tennengebirge, nach Westen zu verläuft die Grenze jenseits des Fuschl- und Hintersees. Zum überwiegenden Teil gehört das Salzkammergut zu Oberösterreich.

Woher der Name „Salzkammergut" kommt

Die Bilderbuchlandschaft des Salzkammergutes war eine der ersten Industrieregionen der Erde: Schon vor mehr als 4.500 Jahren holte man hier das Salz aus den Bergen. Und dieses Herzstück der Region, in der auch heute noch Salz gefördert wird, war ein „**Kammergut**" im Besitz des habsburgischen Herrscherhauses.

Das Wichtigste zu den Wanderzielen

Das Salzkammergut bietet Seen in jeder Größe, vom kleinsten „Latscherl" (Hirzkarseelein) bis zum größten Binnensee Österreichs (Attersee). Manchmal ist der See gleichzeitig das Wanderziel, doch oft musste ich aus einer großen Palette von Wandermöglichkeiten um einen See die schönsten auswählen.

Wir unterscheiden in diesem Buch vier Arten von Wanderungen:

Radtour

Kinderwagentaugliche Spaziergänge:
Geländetauglicher Kinderwagen notwendig!

Spaziergänge im Tal und Almgebiet, die sich besonders für Familien mit Kindern und für Senioren eignen.

Leichte Wanderungen in Bergregionen.

Anspruchsvolle Bergtouren. Die Seen im Dachsteinmassiv und im Toten Gebirge befinden sich bereits im Hochgebirge und setzen entsprechende Ausrüstung, Ausdauer, gutes Bergwetter und auch Trittsicherheit voraus.

Zum Wandern mit Kindern

Kinder haben oft deswegen keine Freude am Wandern, weil langes, gleichmäßiges Gehen nicht zu ihren natürlichen Bewegungsformen gehört.
Anreize, die uns „Große" zum Wandern bringen, locken Kinder nicht sonderlich. Sie wollen herumtollen, spielen, entdecken. Nun bietet Wandern am Wasser Kindern jede Möglichkeit, ihre Abenteuerlust und Freude am Erforschen auszuleben. Wir Erwachsenen müssen sie nur auf die richtigen Spuren bringen.

- Selbstverständlich sollte es sein, das **Ziel den Kräften und dem Können unserer Kinder und den herrschenden Verhältnissen anzupassen.** Überfordernde Wanderungen können eher die Lust am Wandern nehmen, als dass sie sie wecken. Besonderer Ehrgeiz für das Kind ist hier fehl am Platz!
- Beim Wandern mit Kindern immer ausreichend **Flüssigkeit** zum Trinken mitnehmen. Das Wasser der meisten Quellen und Bäche unserer Wanderziele können wir bedenkenlos genießen. Vorausgesetzt, es wird nicht gerade vom Weidevieh „missbraucht" ...
- Außer süßen Durstmachern ist **jede Jause** erlaubt. Doch allgemein gilt, dass saftige Speisen geeigneter sind als trockene.
- Wichtig ist, dass wir nur mit **kindgerechter Ausrüstung** wandern. Kinder sind weniger widerstandsfähig gegen Bedingungen, wie man sie im Gebirge häufig antrifft: Wind, Kälte, Strahlung, Schnee und Feuchtigkeit setzen ihnen viel mehr zu als den Erwachsenen.
- Der **Abmarsch** muss betont langsam erfolgen. Das spätere Gehtempo wird dann am besten vom Kind selber vorgegeben. Aus diesem Grund, aber auch der besseren Beobachtungsmöglichkeit wegen, ist es besser, **beim Aufstieg als erwachsener Begleiter stets hinter dem Kind** zu gehen und von hinten Anweisungen zu geben.
- Kinder neigen von sich aus gerne dazu, bergab zu laufen. Dadurch steigt aber die Stolpergefahr und damit die Sturz- bzw. Absturzgefahr beträchtlich! Die meisten alpinen Kinderunfälle passieren beim Abstieg. Daher gehen **erwachsene Begleiter beim Abstieg stets vor den Kindern,** um deren Tempo einzubremsen und Abkürzungen und Abweichungen vom Wanderweg unterbinden zu können.
- Kinder ermüden in allen Altersstufen schnell, erholen sich aber ungemein rasch. **Häufiges Rasten ist mit Kindern daher besonders wichtig!** Gerade für den Aufstieg gilt, dass Kinder

beim Spielen und Herumtollen in Pausen nicht ermüden, sondern sich dabei erholen! Es ist bekannt, dass Erwachsene umso leistungsfähiger bleiben, je seltener sie rasten – für Kinder gilt genau das Gegenteil! Also nicht möglichst flott durchmarschieren, sondern ausgiebige Pausen einlegen, damit die Kinder spielen und einen Bezug zur Natur herstellen können! Rasten ist für Kinder keine Belohnung, sondern eine dringende Erfordernis ihrer leistungsphysiologischen Gegebenheiten. Eine großzügige Zeitplanung hilft der ganzen Familie!

- Zum Schluss: Wandern und Bergwandern mit Kindern hat gerade in einer Zeit, in der Haltungsschäden, Ernährungsfehler, seelische Inhaltsverarmung und soziale Vereinsamung immer mehr um sich greifen, eine enorme Bedeutung. Die Gemeinschaft der Familie oder später der Jugendgruppe am Berg, das Verantwortungsbewusstsein füreinander, der nahe Kontakt mit der Natur, das Bewältigen zumutbarer Aufgaben und der zeitweilige Verzicht auf die Annehmlichkeiten des Alltags bedeuten Unschätzbares für die Charakter- und Lebensschulung heranwachsender Menschen.

Abwechslungsreiche spannende Wege bereiten unseren Kindern viel mehr Spaß als lange, einfache Wanderungen. Unsere 76 Salzkammergutseen bieten eine ganze Menge solcher kindgerechter Ziele an, die uns und unseren Kindern auch die dauerhafte Freude am Wandern vermitteln.

Almsee

Region Attersee
Region Mondsee

Kemating
SEEWALCHEN
Hst.
Aurach
am Hongar
(488)
Walsberg
A1
(498)
Seewalchen
am Attersee
Gerlham
Moos
Schst.
Schl.
Bhf.
Kammer
(514)
Schörfling
am Attersee
Hainbach
Kasten
Aich
St. Georgen
im Attergau
(540)
Bhf.
Berg
im Attergau
Schst.
Litzlberg
Buchberg
ST.GEORGEN
Unter-
buch
Oberhenfeld
Lohen
Hst.
Palmsdf.
Neustift
Neuhfn.
Seeberg
Steinwand
Geiner
Köpflehen
973
Alpenberg
Stöttham
Bhf.
Schst.
Attersee
(496)
Gahberg
864
Wildenhag
Lohen
Abtsdorf
Mühlbach
Landeröd
Weyregg
am Attersee
(482)
Ob.-
zimmerbg.
Unt.-
Hintergahberg
Schaffling
Wessenaurach
Kreuzing
Hölltalstube
Mohlweg
Branstatt
Höll
Erlath
Winterleithen
Aufham
Altenberg
Rumpling
Kienesweg
1036
Richtberg
Buchschacher
Breitenröth
Dickau
823
Wachtberg
Schmaußing
Weyregger Bach
Wolfering
Wienerroith
Nußdorf
am Attersee
(500)
Neuwegstübl
Schst.
Steinwand
Schst.
Alexenau
Wildpark
(959)
Hochkreut
Ifang
Reith
Attersee (Kammer See)
Reith
Zell
Limberg
152
Taufel
Peißing
Lichtenbuch
Hubertushtt.
Schwarzenbach
Dexlbach
Schst.
Parschallen
Scherhaufenwies
Rottenstein
Krahberg
1090
Whs. Kienklause
Whs. Großalm
Forsthaus
Klause
Streit
Schweibern
Aich
829
Aurach
Seefeld
Aichereben
Stockwinkl
Schst.
Unt.-
Ob.-
-feichten
Taferlklaussee
Taferlklause
Spielberg
1538
Vd. Langbathsee
Oberaschau
Schwend
Kratzersberg
Berg
Aurach
Ursprung
Jagdschloss
Egelsee
Grub
Kaisigen
Hochlecken Haus
(1572)
Brunnkogel
1708
Ht.
Langbathsee
Ghf.
Od
Zettelmühle
Schst.
Steinbach
am Attersee
Schafluckensteig
Druckerhof
Dorf
Fasching
Haslach
Höllengebirge
Grünalmkogel
1821
Eiblgupf
1813
Unterach
am Attersee
(477)
Menerweg
Forstamt
Brunnkogel
1779
Gmauert
Karl-Emil-Htt.
1386
Riederhtt.
(1752)
Ellend
Schst.
Weißenbach
am Attersee
Schst.
Schoberstein
1037
Gr. Höllkogel
1862
152
Camping
Saglstube
Burgau
Unterburgau
Burgbachau
Burggraben-
klamm
Lasseralm
Äußerer Weißenbach
Jh. Aufzug
Zwieselbachalm
Brunnkogel
1508
153
553
Meisterebenalm
Fachbergalm
Moosalm
1412
Breitenberg
Ht.-
Haleswiesalm
Weißenbacher
Sattel
Umkehrstube
Haleswiessee
Klamm
Mitterweißenbach
Vd.-Haleswiesalm
Moosalm
Grafenalm
Pichleralm
Radauschalm
Leonsbergalm
(1371)
Bacheralm
Schwarzensee
N
0
2000
4000
6000 m
©arbeitsgemeinschaft kartographie
1
2
3
4
6
7
8
9

Das Seglerparadies am größten Binnensee Österreichs

Der Attersee – berühmt durch die tiefblaue Farbe – ist der größte zur Gänze in Österreich liegende See. Er hat die längste Lebenserwartung aller Salzkammergutseen (voraussichtliche 500.000 Jahre), weil er das Endglied der Seenkette Fuschlsee – Zellersee – Mondsee ist. Diese drei Seen dienen als Schlammfänger und Geschiebespeicher.

Das Atterseegebiet hat Anteil an mehreren geologischen Einheiten. Diesem Umstand verdankt die Landschaft die große Vielfalt, was ihren besonderen Reiz ausmacht. So liegt der Attersee eingebettet zwischen den Ebenen im Norden, den wiesen- und waldbedeckten Hügeln im Westen und den steil aufragenden Felswänden des Höllengebirges und den Ausläufern des Schafberges und Leonsberges im Südosten.

Geologisch gesehen gehören der größte Teil des Ostufers und das gesamte Westufer zur Flyschzone, die aus Sandstein, Mergeln und Tonen aufgebaut ist, welche vor rund 60 Millionen Jahren in einer Tiefseerinne abgelagert wurden.

Die schon erwähnten Gebirgsstöcke im Südosten gehören zu den Nördlichen Kalkalpen und sind Sedimente des Erdmittelalters, die

in einem Flachmeer zur Ablagerung kamen. Die aus Algen und Muscheln aufgebauten Meeresablagerungen sind bis zu 1.800 m mächtig und 150 bis 200 Millionen Jahre alt.
Während der letzten Eiszeit (Würmeiszeit, vor 60.000 bis 10.000 Jahren) wurde natürlich auch das Atterseegebiet vom Gletscher überformt.
Damals war das am Rand des Eisstromnetzes gelegene Atterseegebiet durch einen Zweig des Traungletschers bedeckt. Das Eis drang über das Weißenbachtal und die Schwarzenseefurche in das Atterseegebiet vor, wo es bis zu 200 m mächtig (hoch) war. Durch die Ausschürfung entstand die Seewanne des Attersees. Zahlreiche Ablagerungen (Moränen, Terrassen) sind Zeugen dieser Zeit.
Der Attersee weist drei Hauptbecken mit 170 m, 160 m und 130 m Tiefe auf. Erwähnenswert ist der in der Seemitte in der Nähe der Ortschaft Nußdorf gelegene „Laichberg", der innerhalb eines Beckens von 120 m Tiefe bis auf 49 m unter dem Wasserspiegel emporragt.
Der Hauptzufluss ist gleichzeitig der Abfluss des Mondsees, die Mondsee-Ache, die ca. 58 % des gesamten Oberflächenzuflusses bringt.
Entwässert wird der Attersee durch die Ager, die bei Lambach in die Traun mündet.
Die Schwemmkegel der Atterseezuflüsse bilden bevorzugte Siedlungsstandorte.

Lage: Nördlichster See des Salzkammergutes

Seepass: 469 m Seehöhe, 46 km^2 Wasserfläche, rund 20 km lang, 2,3 km breit, 169 m tief; theoretisch alle 7 Jahre völlige Wassererneuerung

Aktivitäten: Segeln („Rosenwind"), Wasserschifahren, Surfen, Bootsvermietung, Tauchen (diverse Tauchschulen; ausgezeichnete Unterwasserfauna und -flora durch die Reinheit des Sees, beste Voraussetzung für Taucherausbildung) in allen größeren Seeorten; „Zwergerltauchen" in Seewalchen für Kinder von 9–14 Jahren.

Aktuelle Schifffahrtsprospekte anfordern (Stern & Hafferl, Tel. 07666 / 78 05). Es werden dort auch Vergnügungsfahrten mit Bummelzug oder Schiff angeboten.

Motorbootfahren: Von 1. September bis 30. Juni erlaubt.

Bademöglichkeiten:

Erlebnisbäder: Ort Attersee

Strandbäder: Unterach, Nußdorf, Schörfling, Weyregg

Öffentliche Badeplätze: Unterach, Attersee, Seewalchen / Litzlberg

Solarbad: Steinbach

Wildbaden: Zwischen Burgau und Weyregg gibt es immer wieder schmale Uferstreifen, jedoch äußerst begrenzte Parkmöglichkeiten.

Ballonfahrten: Seewalchen, Landgasthof Führer

Kinderspielplätze: Unterach (Freizeitanlage im Zentrum), Markt Attersee, Seewalchen (Freibadeanlage Litzlberg)

Paragleiten, Drachenfliegen: Flugschule, Tel. 07612 / 730 33

Reiten: Seewalchen, Unterach

Flusswandern / Canyoning: Steinbach, Tel. 0676 / 558 16 52

Rund um den Attersee liegt ein Kranz kleiner Ortsgemeinden. Abseits von Hektik und Stress laden die kleinen Ortschaften **Schörfling** und **Seewalchen** am Nordufer des Attersees – verbunden allein durch eine Brücke – mit ihren Uferpromenaden zum Spazieren und Bummeln ein.
Hier in **Seewalchen** ließ 1877 der k.u.k Hoftischlermeister Friedrich Paulick aus Wien die malerischste Villa des Salzkammergutes errichten. Die Villa Paulick wurde in den Sommermonaten Treffpunkt von Gustav Klimt, Emilie Flöge und Richard Teschner. Angeregt von der landschaftlichen Schönheit entstanden hier die bekannten Landschaftsbilder von Gustav Klimt.
Schlosskonzerte im August in Schloss Kammer; Galerie Zwach in der Dorschvilla – internationale Kunst.

Klein und liebenswert präsentiert sich die Ortschaft **Attersee**. Alljährlich im Sommer wird in der Atterseehalle eine große Ausstellung präsentiert. Erwähnenswert auch die kleine gotische Kirche im Ort.
Unterach, im vorigen Jahrhundert als „Klein-Venedig“ bezeichnet, liegt am Südufer des Attersees. Viele alte Villen zeugen von der Glanzzeit um die Jahrhundertwende.

Überreste von Pfahlbauten aus der Stein- und Bronzezeit weisen auf eine frühe Besiedelung in diesem Raum hin. Einzigartig ist das Edelkastanienwäldchen oberhalb des Ortes, im Oktober großes Kastanienfest!

Die kleinen Ortschaften **Weißenbach** und **Steinbach** liegen am Fuß des Höllengebirges am Südostufer des Attersees. Wirklich beeindruckend ist das Naturdenkmal Burggrabenklamm. Die Landschaft um **Steinbach** inspirierte den Maler Gustav Mahler. Ein Gedenkstein mit Schautafeln und das „Gustav-Mahler-Komponierhäuschen" (Anmeldung im Gasthaus Föttinger) erinnern an seine Vorliebe für diese Sommerfrische-Landschaft.

Badespaß in Steinbach

1 Rund um den Wachtberg

Ausgangspunkt: Ortszentrum Weyregg
Wanderzeit: Insgesamt 2½–3 Stunden
Einkehrmöglichkeit: Gasthaus Bramhosen in Alexenau
Besonderheit: Kostenlose Kneippanlage in Alexenau

Ein abwechslungsreicher Promenadenweg, der schöne Ausblicke auf Attersee und Schafberg gewährt.
Von der Pfarrkirche in Weyregg wandern wir durch die liebliche Landschaft hinauf bis zu den Häusern von Reichholz. Beim Gästehaus Hubertus biegen wir links ab, gehen auf dem Fahrweg weiter bis Bruckbach. Wir wandern weiter in den Miesbachgraben und durch die Tiefgrub-Forststraße zum Waldsattel (677 m). Rechts geht es dann hinunter zu den Häusern von Alexenau und von hier in 1 Stunde auf dem informativen Waldlehrpfad zurück nach Weyregg.

2 Schoberstein

Ausgangspunkt: Weißenbach (470 m)

Wanderzeit: 1 ½ Stunden auf den Gipfel (1.037 m)

Schwierigkeit: Leichte Bergtour. Trittsicherheit und Schwindelfreiheit erforderlich

Vom Schafberg abgesehen gibt es im Atterseeraum keine schönere Aussichtswarte als den unzugänglich erscheinenden Gipfel des Schobersteins! Er ist der westlichste Ausläufer des Höllengebirges, des 20 km langen Felsriegels zwischen Attersee und Traunsee.

Wir wandern großteils durch Wald, meist in steilen Serpentinen. An den lohnendsten Aussichtspunkten laden Bänke zum genussvollen Verweilen ein. Bis zum letzten gemütlichen Ruheplätzchen ist der Weg für die ganze Familie geeignet, doch vor dem Gipfelsturm bleiben Konditionsschwache und kleine Kinder am besten zurück. Drachenwand, Schafberg, Leonsberg, unter uns das Azurblau des Attersees – dieser Rundblick ist ein unvergesslicher Glanzpunkt!

3 Eisenauer Alm

Ausgangspunkt: Burgbachau am Südufer des Attersees, Jagerwirt

Wanderzeit: 2–2 ½ Stunden bis zur Alm (1.015 m)

Schwierigkeit: Leichte Wanderung, bei der im Bereich der Burggrabenklamm Trittsicherheit und Schwindelfreiheit nötig sind.

Einkehrmöglichkeit: Jagerwirt, Buchberghütte auf der Eisenauer Alm

Tipp: Von der Eisenauer Alm können wir in 1 Stunde zum Suissensee, der unter den Steilabstürzen des Schafbergs liegt, aufsteigen und weiter zum Mittersee und Mönichsee wandern.

Mit ihren mäandrierenden Bächen und den duftenden Almwiesen ein Paradies für Familien.

Wir erwandern die zum Teil senkrechten Wände der Burggrabenklamm über den 1890 erbauten „Erzherzogin-Valerie-Steig“.

Die Sage erzählt, dass drei junge Holzknechte in der Nacht zu den Sennerinnen in der Eisenau fensterln gehen wollten. Als sie sich am Sonntagmorgen auf den Nachhauseweg machten, wurden sie plötzlich in die Luft gehoben und von einer geheimnisvollen Kraft ins Tal hinuntergewirbelt. Dort wurden sie bewusstlos aufgefunden. Angeblich war der Teufel für dieses übernatürliche Abenteuer zuständig. Er bekam Macht über die Holzknechte, weil sie die Sonntagsmesse versäumt hatten. Die Stelle, wo sie der Teufel packte – wir finden sie in etwa 800 m Höhe – heißt heute noch „Teufelsabflug“.

Über den Gretlsteig erwandern wir den Ackergraben, über Wald und Wiesen die Oberackeralm, um oben bei der Eisenauer Alm ein nostalgisch-idyllisches Almparadies zu genießen.

4 Burggrabenklamm – Schwarzensee

(Siehe auch Wanderung Nr. 31)

Ausgangspunkt: Burgbachau am Südufer des Attersees, Jagerwirt

Wanderzeit: 2 Stunden zum Schwarzensee

Schwierigkeit: Leichte Wanderung. Im Bereich der Klamm sind Trittsicherheit und Schwindelfreiheit nötig!

Einkehrmöglichkeit: Gasthaus Jagerwirt, Almstadel und Gasthaus „Zur Lore“ am Schwarzensee

Eine Klammwanderung mit naturbelassenen Wasserspielen begeistert immer wieder!

Kurzwanderer können sich mit einer Klammbegehung (40 m hoher Wasserfall) auf dem über 100 Jahre alten „Erzherzogin-Valerie-Weg“ zufrieden geben. Wanderfans aber wandern weiter zum fischreichen Schwarzensee.

Die Entstehung der wildromantischen Klamm hängt mit der eiszeitlichen Eintiefung der Atterseewanne zusammen. Nach dem Rückzug des Gletschers mussten sich die Seitenbäche tief einschneiden, um den Höhenunterschied zu überwinden.

5 Zum Edelkastanienwäldchen in Unterach

Ausgangspunkt: Ortszentrum Unterach

Wanderzeit: Insgesamt 1 ½ Stunden

Schwierigkeit: Leichte Wanderung. Wir halten uns an die Wegführung des informativen Waldlehrpfades.

Der Bestand an rund 80 alten Edelkastanienbäumen in unseren Breiten erfüllt jeden Naturfreund mit Freude. Auch die Naturverjüngung klappt hervorragend! Natürlich wurde das weiträumige Gebiet um die in Süd- und Südostlage wachsenden, für die nördlichen Kalkalpen botanischen Raritäten zu einem Naturschutzgebiet erhoben.

6 Hochplettspitz

Ausgangspunkt: Ortszentrum Unterach

Wanderzeit: 1–1 ½ Stunden auf den Gipfel (1.134 m)

Eine empfehlenswerte Bergtour mit prachtvollem Blick auf Höllengebirge, Gamsfeldgruppe, Dachstein, Schafberg, Drachenwand und Schober als Gipfelbelohnung!

Außergewöhnlich der Gang durch Unterachs berühmtes Edelkastanienwäldchen! In einigen Kehren wandern wir hoch zum „Jubiläumsbaum“ mit einer prächtigen Aussicht auf Höllengebirge und Attersee. Unser Weg führt durchwegs auf weichem Waldboden, später über den Gipfelkamm hinauf zur Hochplettspitze mit „Gipfelbank“.

Egelsee beim Attersee

Sonnig gelegener, morastiger See – Naturschutzgebiet!

Vor rund 20.000 Jahren reichte ein Arm des Traungletschers bis in diese Höhe. In seinen Eismassenresten entstand durch späteres Auftauen der Egelsee. 12 Orchideenarten, 6 Insekten fressende Pflanzenarten, Sumpfiris, Seerosen, Moorbirken und Schwarzerlen säumen sein Ufer.

Der Egelsee wird durch Quellen gespeist. Sein Abfluss tritt aufgrund wasserdurchlässiger Moränenablagerungen erst 500 m östlich vom See wieder zutage! Sein Schwingrasen und schwankender Boden sorgen für unterhaltsame Gleichgewichtsübungen auf dem Weg zum Wasser.

Lage: Westlich vom Attersee zwischen Nußdorf und Unterach

Seepass: Hochmoorsee mit botanischen Raritäten in Naturschutzgebiet, 624 m Seehöhe, 105 m lang, 65 m breit, bis zu 7 m tief

Einkehr: Gasthaus Druckerhof; durch seine Lage und seine wunderschöne Aussicht auf den Attersee und das gegenüberliegende Höllengebirge einen Ausflug wert.

Aktivitäten: Badesee (bis zu 26 °C) mit Badesteg; Rad fahren

7 Vom Gasthaus Druckerhof zum Egelsee

Ausgangspunkt: Gasthaus Druckerhof
Zwischen Nußdorf und Unterach befindet sich die ehemalige Zettelmühle, in deren Nähe die Druckerstraße zum gleichnamigen Gasthof führt. Dort sind ausreichend Parkplätze vorhanden.

Wanderzeit: Gemütliche 20 Minuten bis zum See

Diese Wanderung ist ein willkommenes Ausflugsziel für jene, die eine kurze Wanderung mit wunderschöner Aussicht und einem typischen Moorsee schätzen.
Auf kinderwagenfreundlichen Wegen erreichen wir bald dieses botanische Kleinod. Nur ein Ufer ist bequem zugänglich; es lädt durch seine schwingende Beschaffenheit zu allerlei Spielen und zu „Moorschlachten" ein.
Es lohnt sich, auf dem Weg bis zur Asphaltstraße weiter zu wandern und dort den Ausblick auf den Attersee und auf seine sanften Hügel zu genießen.

8 Attersee-Westwanderweg

Ausgangspunkt: Ortszentrum von Nußdorf am Attersee, Gasthaus Brauhof

Endpunkt: Unterach am Attersee, Rückfahrmöglichkeit mit Bus oder Schiff

Wanderzeiten: Nußdorf–Egelsee 2 ½ Stunden, Egelsee–Unterach 1 Stunde

Einkehrmöglichkeit: Gasthaus Druckerhof

Schwierigkeit: Lange, im Hochsommer sehr heiße Wanderung

Taferlklaussee

Verträumter Bergsee am Fuße des Höllengebirges – Naturschutzgebiet!

Am Fuß des Höllengebirges entspringt der Aurachbach, der 1716 durch den Bau der Klausmauer zum heutigen See gestaut wurde. Damals wurde damit die Wasserriese für die Holztrift gespeist. Heute hat man den Wert dieser Landschaft erkannt und den Landschaftspark „Höllengebirge-Hongar" gegründet.

Der Taferlklaussee ist, obwohl er eine Sommertemperatur von 24 °C erreicht, kein Badesee, denn das Südufer ist vermoort und nur schwer zugänglich. Aber zum Abkühlen und Waten eignet sich der See immer. Von Wald umgeben und von den Gipfeln des Höllengebirges überragt, bietet er besonders für Familien ein lohnendes Ausflugsziel.

Lage: An der Großalmstraße zwischen Traunsee und Attersee

Seepass: Ca. 700 m hoch gelegen, 300 m breit

Einkehr: Jausenstation am See oder Gasthaus Großalm (gutbürgerliche Küche, ruhiger Gastgarten mit Blick zum Höllengebirge; 3 km vom Taferlklaussee)

Aktivitäten: In 15 Minuten rund um den See, die Strecke kann aber beliebig verlängert werden. Im Winter Tummelplatz für Eisstockschützen und Schlittschuhläufer.

9 Hochlecken-Haus

Ausgangspunkt: Taferlklaussee
Wanderzeit: 1 ½–2 Stunden

Während sich die „Jung"-Familie einen gemütlichen Halbtag am See gönnt, kann der konditionsstärkere Teil der Familie auf steilem Anstieg das Hochlecken-Haus (1.572 m) erwandern.

Herbst am Taferlklaussee

Mondsee

Sagenumwobener, mondsichelförmiger See

Die Wanne des Mondsees liegt in einem Talnetz, das durch eine große tektonische Störungszone zwischen Alpennordrand und Flyschzone vorgeformt wurde. Während der letzten Eiszeit wurde sie – wie viele der Salzkammergutseen – durch den Tiefenschurf des Gletschers vertieft.
Über die Entstehung des Namens gibt es mehrere Ansichten: Die Ortsnamenkunde leitet ihn vom Personennamen „Mano" her (= See des Mano). Nach anderer Ansicht hat der Name „Mondsee" eine mythologische Wurzel – der Mond als Gottheit der frühesten Siedler. Eine eher unwahrscheinliche Erklärung leitet den Namen des Sees von seiner annähernden Mondform ab. Schriftlich taucht der Name erstmals im Jahr der Klostergründung 748 auf und zwar als „Maninseo" bzw. lateinisch als „Lunaelacus" (Luna = Mond, lacus = See).
Neben dem Attersee und dem Irrsee ist der Mondsee der einzige Salzkammergutsee, den man ganz umfahren kann. Seine Landschaft ist vielfältig: Im Norden enden seinen Ufer in den sanften Hügeln des Alpenvorlandes, im Süden werden sie von der charakteristischen Silhouette des Schafbergs, der senkrecht zum See abstürzenden Drachenwand und dem Schober umschlossen.

Bei St. Lorenz und Pichl-Auhof wird der Mondsee durch zwei vorspringende Landzungen eingeengt.
Er entwässert durch die Seeache in den Attersee und wird von den Ausflüssen des Fuschl- und Irrsees und neun anderen Bächen gespeist. Seine Lebenserwartung liegt bei ca. 80.000 Jahren. Von allen Salzkammergutseen ist er der größte Planktonproduzent.

Lage: Im Nordwesten des Salzkammergutes, westlich vom Attersee

Seepass: 481 m Seehöhe, 14 km^2 Wasserfläche, 2 km breit, 11 km lang, 68 m tief, der wärmste Badesee der großen Salzkammergutseen

Bademöglichkeiten: Innerschwandt / Loibichl, Alpenseebad Mondsee, Strandbad und Baggersee in St. Lorenz („Schwarzindien"), Wildbaden am Südostufer

Segeln und Surfen: Markt Mondsee, Loibichl

Wasserschi und Parasailing: Markt Mondsee

Bootsverleih: Markt Mondsee – Seepromenade, Loibichl

Kinderspielplätze: Im Markt Mondsee hinter der Pfarrkirche und bei der Kaianlage Mondsee

Tauchen: St. Lorenz, Tel. 06225 / 84 00

Skater- und Radrundweg vom Gasthaus Drachenwand markiert (9 ½ km)

Am flachen Nordufer des Mondsees liegt als größte Ortschaft der **Markt Mondsee**. Wir befinden uns hier auf uraltem Siedlungsboden, dessen Geschichte bis in die Jungsteinzeit zurückreicht! Im 19. Jh. entdeckte man hier im ufernahen Bereich des Mondsees, aber auch am Traunsee und am Attersee unter der Wasseroberfläche Reste von Siedlungen, die man als Relikte einer „Pfahlbaukultur" deutete. Nach der Hauptfundstelle am Mondsee hat die Wissenschaft den Namen „Mondseekultur" für diese Zeit – zwischen 3500 bis 2500 v. Chr. – geprägt.
Mondsee war und ist vor allem wegen seines 748 gegründeten und 1791 aufgelösten Klosters berühmt. Es war sowohl geistig-kulturelles als auch wirtschaftliches Zentrum der Region.
Hier kurz die Entstehungsgeschichte des Klosters:
Herzog Odilo jagte einst in dieser Gegend. Die Nacht überraschte ihn

und er verirrte sich. Plötzlich trat der Mond hinter den Wolken hervor und ließ den Herzog erschauern: Tief unter ihm lag der See! Ohne den Mondenschein wäre er mit seinem Pferd in den See gestürzt und ertrunken. Als Dank ließ Herzog Odilo das Kloster Mondsee erbauen.

Im 15./16. Jh. wurde die gotische Stiftskirche erbaut. Nach 750 Jahren Zugehörigkeit zu Bayern erwarb 1506 Kaiser Maximilian das Mondseeland für Österreich. Die Barockzeit brachte noch einmal eine Blütezeit, die Kirche erhielt ihre viergeschoßige barocke Doppelturmfassade, der Bildhauer Meinrad Guggenbichler schuf die Altäre. Heute ist Schloss Mondsee in privatem Besitz und beherbergt u. a. die **Schlossgalerie** Mondseeland, das **Heimatmuseum** und das **Österreichische Pfahlbau-Museum**; außerdem im Ort: das Freilichtmuseum „**Mondseer Rauchhaus**" und das **Salzkammergut-Lokalbahn-Museum** beim See.

10 Rundwanderweg um die Theklakapelle

Ausgangspunkt: Plomberg am Südwestufer des Mondsees

Wanderzeit: 1 gute Stunde

Einkehrmöglichkeit: Gasthaus Drachenwand in Bachlehen

Vom Haubenwirt Eschlböck wandern wir einen reizvollen Saum- und Waldweg bergwärts.

Von der Theklakapelle geht´s immer auf dem breiteren Weg zum Gasthaus Drachenwand. Nach kurzer Rast spazieren wir zuerst auf dem wenig befahrenen Sträßchen, dann auf der Uferstraße zu unserem Fahrzeug zurück.

Weitere Wanderungen: Gasthaus Drachenwand–Almkogel, ca. 1 ½ Stunden, Trittsicherheit nötig.

11 Auf die Drachenwand

Ausgangspunkt: Gasthaus Drachenwand in St. Lorenz

Wanderzeit: Ca. 2 Stunden

Schwierigkeit: Trittsicherheit nötig, Kinder am besten ans Seil

Am Westufer des Mondsees türmt sich steil und kahl die mächtige Drachenwand (1.060 m) empor.
In sagenumwobenen Zeiten hauste dort in einer Höhle ein grimmiger Drache, der Angst und Schrecken verbreitete und dem Mensch und Vieh zum Opfer fielen. Eines Tages kam ein fremder Ritter, der es mit dem Drachen aufnehmen wollte. Er ließ an einer sicheren Stelle, von der er die Felswand beobachten konnte, einen unüberwindbaren Schutzturm erbauen. (Die Mauerreste der Ruine Wartenfels auf dem Schober, dem Nachbarberg der Drachenwand, erinnern noch daran.)
Als das bösartige Untier in seine Nähe kam, stellte sich der Held dem Kampf und bezwang den Drachen durch Kraft und Geschick. Die Wand, in deren Höhle der Drache hauste, wird seither Drachenwand genannt.

12 Kindererlebnisweg Hochserner

Ausgangspunkt: Markt Mondsee – Richtung Irrsee, 8 km Auffahrt zum Gasthaus Hochsernerhof

Wanderzeit: Ca. 1 ½ Stunden; von hier auch in 1 ½ Stunden auf schattigem Weg auf den Kolomannsberg (Siehe Wanderung Nr. 13)

Einkehrmöglichkeit: Gasthaus Hochsernerhof (Juli, August ganztägig, sonst ab 14 Uhr geöffnet, Donnerstag Ruhetag), g'schmackige Jause, Kinderspielplatz, Streichelzoo

Wunderschöner Aussichtspunkt über Mond- und Irrsee! Ein netter Familienrundwanderweg mit Geschicklichkeitsübungen, Sandmine, Goldwäscherplatz, Indianerdorf ...

13 Auf den Kolomannsberg

(Siehe auch Wanderung Nr. 12)

Ausgangspunkt: Markt Mondsee, Gasthaus Leidinger

Wanderzeit: 2½–3 Stunden zum Gipfel auf 1.114 m

Schwierigkeit: Leichte Wanderung

Einkehrmöglichkeit: Gasthaus Leidinger (ca. 600 m)

Schon der Blick vom Gasthof Leidinger auf das Mondseerland lohnt die 3 km lange Auffahrt!
Der eigentliche Gipfel des Kolomannsberges ist als wichtiger strategischer Punkt militärisches Sperrgebiet. Wir wählen daher als höchsten Punkt die Kapelle St. Koloman (1.098 m). Sie stammt aus dem 17. Jh. und ist die letzte noch vollständig erhaltene Holzkirche Österreichs, die dem hl. Koloman geweiht ist.

Unweit des Kirchleins sprudelt eine Quelle aus dem Felsen, von der die Sage Folgendes berichtet:

Lang, lang ist es her, da soll der irländische Prinz Koloman auf seiner Pilgerreise in das Heilige Land hier eine Rast gehalten haben. Waldvöglein brachten ihm Beeren zur Nahrung und die sonst so scheuen Rehe führten den Prinzen zu Waldlichtungen, wo er genießbare Pilze und nahrhafte Wurzeln fand. Er verweilte längere Zeit als Einsiedler in dieser Waldesruhe.

Als er einmal Gott um Wasser anflehte, um seinen Durst zu stillen, sprudelte augenblicklich eine Quelle aus dem Berg. Dankbar segnete er das sprudelnde Wasser.

Seither wird der Quelle große Heilkraft zugesprochen und viele Kranke und vor allem Menschen mit Augenleiden pilgerten dort hinauf, um sich mit dem Wasser zu waschen – und wurden gesund. Die Heilkraft der Segen spendenden Kolomanquelle wirkt angeblich bis in unsere Zeit – also große Waschung nicht vergessen und fest an die Wirkung glauben!

14 Kulmspitze

Ausgangspunkt: Häuser Seegruber nordöstlich vom Markt Mondsee

Wanderzeit: Insgesamt 2½–3½ Stunden

Schwierigkeit: Leichte Wanderung mit wunderbarem Überblick von der „Stabauhöhe" auf das gesamte Mondseegebiet

Einkehrmöglichkeit: Gasthaus Schafbergblick auf dem letzten Wegdrittel

Eine Rundwanderung um den Hausberg der Mondseer.
Von den Häusern Seegruber wandern wir auf Weg Nr. 5 steil hinauf zum Radstätter Sattel (Marienkapelle). Von dort geht es auf dem großteils bewaldeten Höhenrücken (Weg Nr. 4) über einige schöne Aussichtspunkte zur Kulmspitze (1.095 m). Sie bietet keinen Gipfelblick, dafür aber Bänke zum Ausruhen und Gipfelbuch. Über Oberstabau wandern wir auf dem Weg Nr. 1 zu unserem Ausgangspunkt zurück.

Egelsee beim Mondsee

Naturbelassener Moorsee

Lage: Direkt neben der Straße von Scharfling am Mondsee

Seepass: Höchstens 200 m im Durchmesser, 10 m tief; beachtlicher Fischbestand

Einkehr: Holzingerbauer, außerordentlich schönes, in seinem ursprünglichen Zustand erhaltenes Mostbauerngut, von dem aus man auch auf den Schafberg wandern kann. Hofeigene Produkte! Mostbaumgastgarten, uralte Bauernstuben! Nur Montag, Donnerstag und Freitag ab 15 Uhr geöffnet.

Tipp: Nur wenige Kilometer weiter liegt der Krotensee.

Irr- oder Zellersee

Naturbelassener See, teilweise in bewaldete sanfte Hügel gebettet

Der Irrsee wird an seiner Westseite vom Irrsberg, dem wiesenreichen Rücken mit der Sommerhofer Wallfahrtskirche und vom Kolomannsberg umrahmt. An seiner Ostseite liegt eine sanfte Hügelkette, alles eiszeitliche Moränen. Im Süden wird der Blick von einer „steinernen Mauer" – der Drachenwand mit dem Schaf- und Schoberberg – begrenzt.

Die Moore nördlich und südlich des Sees weisen darauf hin, dass der See am Ende der Eiszeit fast doppelt so lang war. Das Nordmoor zählt zu den größten und artenreichsten noch erhaltenen Verlandungsmooren in Österreich. Es steht wie der gesamte Irrsee unter Naturschutz und beherbergt eine Fülle von botanischen Kostbarkeiten. Im Frühjahr taucht z. B. die Mehlprimel viele Bereiche des Moores in ein rosa Blütenmeer. Ihre Existenz und die vieler Niedermoorarten ist nur möglich, weil im Herbst regelmäßig gemäht wird. Sonst würden diese Pflanzen von höherwüchsigen Arten gänzlich verdrängt werden. Auch der Brachvogel hält sich nur im gemähten Feuchtwiesenbereich auf.

Der Irrsee hat fünf größere Zuflüsse und entwässert über die Zeller Ache in den Mondsee.

Lage: Ca. 30 km östlich von Salzburg, 5 km von der Westautobahn entfernt (Abfahrt Mondsee), nördlich des Mondsees

Seepass: 553 m Seehöhe, rund 5 km lang, fast 1 km breit, 32 m tief

Aktivitäten: Großartiges Fischgewässer

Segel- und Surfsport: Mit Einschränkung

Ruderbootverleih und Minigolfplatz: In Zell am Moos

Kinderspielplatz: Beim Sportplatz von Zell am Moos und in allen öffentlichen Bädern

Bademöglichkeiten: Öffentliche Bäder: am Ostufer (Zell am Moos; dort gibt es auch ein spezielles Kinderbad) und am Südufer

Tipp: Natürlich hat der Irrsee im Sommer Hochsaison. Will man ihn in Ruhe genießen, so sind Frühling und Herbst die verlockenderen Jahreszeiten. Im Winter friert der See häufig zu und bietet dann Gelegenheit zum Eislaufen, Eisstockschießen und Eissegeln. Langlaufloipen.

Die größte Siedlung am Irrsee ist **Zell am Moos**, ein reizvoller, ruhiger Ort, eingebettet in eine ländlich Naturlandschaft.
Seinen Namen verdankt er dem Fund einer hölzernen Marienstatue im Moos am Seeufer. Da das Standbild große Ähnlichkeit mit der Mariazeller Muttergottes aufwies und im Moos gefunden wurde, nannte man den Ort, der daraufhin hier entstand, Zell am Moos.
Sehenswert ist das **Irrseer Heimathaus** (Volkskundesammlung, Sammlung Hans Mairhofer-Irrsee. Ums Haus eine Gartengalerie als begehbares Gesamtkunstwerk, Irrsee-Keramik seiner Tochter Monika).
Der Irrsee ist mit dem Mondsee der wärmste See des Salzkammergutes (27 °C). Durch das Elektro- und Motorbootfahrverbot ist Trinkwasserqualität gewährleistet. Der See ist daher ein wahres Paradies für „Wasserratten".
Der Sage nach stand in früheren Zeiten dort, wo sich heute der See befindet, das Schloss eines grimmigen Zauberers. Einmal wollte er den Ischler Salzabbau zum Erliegen bringen und schickte den Bergknappen durch einen Boten einen Topf mit angeblicher Sole zum Verkosten. Doch die Ischler waren auf der Hut und schickten das Gefäß ungeöffnet zurück. Der Laufbursche war auf dem Rückweg bis in die

Nähe des Schlosses gekommen, doch da überwältigte ihn die Neugierde und er hob den Deckel. – Plötzlich schoss Wasser in Strömen heraus und ergoss sich in wilden Fluten auf das Schloss des Zauberers und füllte schließlich das weite Becken aus, das heute noch den Zeller- oder Irrsee birgt.

15 Höhenrundweg um das Irrseebecken

Ausgangspunkt: Bahnstation Oberhofen
Weglänge: 7–8 Stunden, 30 km (Weg Nr. 88)

Zahllose wunderschöne Ausblicke ins Gebirge und Alpenvorland lohnen diese Wanderung, von der aus man fast überall zu einer größeren Siedlung am Irrsee absteigen kann.
Dieser große Rundwanderweg beginnt bzw. endet bei der Westbahnstation Oberhofen und führt uns über die Lindenkapelle am Ostufer des Irrsees bis Mondsee. Hier umwandern wir über einen sanft ansteigenden Höhenrücken den Kolomannsberg und gehen über die Sommerholzkapelle immer auf Weg 88 zurück nach Oberhofen.

16 Rund um den Irrsee

Ausgangspunkt: Bad an der Südostseite des Irrsees
Weglänge: 28 km
Einkehrmöglichkeit: Gasthaus Fischhof auf halbem Weg, Gasthäuser in Zell am Moos

Zu Fuß ist es zu weit, zum Weglassen zu schön: Darum soll ausnahmsweise zum Kennenlernen des Irrsees zu einer reinen Radtour geraten werden.
Über Sträßchen, Radwege und leider auch einmal auf der Hauptstraße (Radweg ist geplant) radelt man durch eine liebliche bäuerliche Landschaft, gemütlich, mit reizenden Ausblicken.

17 Über die Heissingerhöhe nach Haslau

Ausgangspunkt: Ortschaft Haslau, östlich vom Irrsee, Stroblwirt

Wanderzeit: 3 Stunden (Rundweg)

Einkehrmöglichkeit: Mehrere Gaststätten auf dem Weg

Vom Gasthaus Strobl wandern wir in südlicher Richtung anfangs kurz auf der Straße, dann über einen Feldweg, entlang des Waldrandes, durch das Wäldchen und über Wiesen zum Oberlehengut. Von der Lindenkapelle geht es links weiter nach Harpoint. Nun wandern wir bergwärts in den Wald, bei der Abzweigung geradeaus bis zum Weiler Heissing und zur Heissingerhöhe, die uns eine herrliche Rundsicht zum Untersberg, Watzmann, auf die Niederen Tauern, zum Schafberg und zum Traunstein schenkt. Schließlich führt unser Rundweg weiter zum Badlhof und über das Gasthaus Entachtern zurück nach Haslau.

18 Rundweg Zell–Oberlehen–Zell

Ausgangspunkt: Zell am Moos, Kirche

Wanderzeit: 2½ Stunden

Schwierigkeit: Hauptsächlich auf Wiesenwegen

Einkehrmöglichkeit: U. a. Seewirt, Gh Langwallner

Wir wandern rechts ab, am Friedhof vorbei über die Landesstraße zum Gästehaus Langwallner. Dort geht es links herum zur Kapelle mit der mächtigen Linde und hinauf zum Oberen Hizlgut. Auf dem asphaltierten Zufahrtsweg beim Hufnaglgut wandern wir in nördlicher Richtung weiter und queren dabei den Güterweg „Obergegend". Auf einem hübschen Wiesenweg geht es zum Stumergut, um dieses rechts herum auf die Hochfläche des Oberlehen- und Feichtingergutes und zu unserem Ausgangspunkt zurück.

19 Zur Ruine Wildeneck

Ausgangspunkt: Gasthaus Fischhofwirt am Nordwestende des Sees (Fischspezialitäten, Hausmannsküche mit biologischen Produkten)

Wanderzeit: Ca. 2 Stunden, 7 km; Markierung „Burg"

Burg Wildeneck wurde nach 1140 auf einer Anhöhe am Westufer des Irrsees erbaut. Mit ihrer Länge von etwa 65 m war sie eine stattliche Burg mit Gerichts-, Zoll- und Jagdrecht.
Heute zeugt von ihrer Geschichte gerade noch ein letzter, bereits bedenklich wackelnder Mauerrest. Bauern und andere Leute aus der Umgebung haben Ziegel, Steine und Mauerwerk von dort zum Hausbau geholt und so dazu beigetragen, dass von der Burg kaum noch etwas übrig geblieben ist.

Die Sage erzählt von einem der stolzen Burgbesitzer, einer Gräfin, welche im Gegensatz zu ihren Ahnen kalt, hartherzig und hochmütig war und ihre Bauern schlechter behandelte als das Vieh. Als sie eines Tages in ihrer goldenen Kutsche unterwegs war, läutete die Kirchturmglocke in Sommerholz zum Gebet und der Kutscher zog seinen Hut und verharrte in stiller Andacht. Darauf schrie sie zornentbrannt: „Wenn er deshalb den Hut zieht, möge er zum Teufel fahren!"

Im selben Moment ging der Fluch an ihr selbst in Erfüllung. Der Kutscher konnte gerade noch sich und die Pferde retten, dann öffnete die Erde ihren Schlund und verschlang die böse Gräfin.

Wer heute auf den Kolomannsberg pilgert (siehe Wanderung Nr. 13) und an die Stelle kommt, die heute noch „Goldene Kutsche" genannt wird, springe in die Vertiefung und spitze die Ohren: Man soll von unten herauf das Geld des mit der Gräfin versunkenen Schatzes klingen hören.

Wir wandern nun vom Gasthaus Fischhof zuerst parallel zum See und dann hinauf zur Ruine Wildeneck. Zurück geht's auf dem Rundwanderweg, der um den Irrsee führt (Weg Nr. 88). Vor dem Fischhof gibt es eine Anhöhe, die einen eindrucksvollen Rundblick über den ganzen Irrsee ermöglicht.

Region Wolfgangsee / Bad Ischl

Region Fuschlsee

Wolfgangsee (Abersee)

Operettenbesungener, sagenumwobener Wallfahrtssee

Unvergleichlich schön liegt der heitere Wolfgangsee eingebettet zwischen mächtigen Bergen: Im Norden bildet der Schafberg die Verbindung zum Attersee und zum Mondsee, im Süden reicht der Kranz der Gipfel vom Zwölferhorn über die Bleckwand bis hin zu den Zwillingsgipfeln von Sparber und Rettenkogel.
Benannt ist der See nach dem Regensburger Bischof Wolfgang, welcher sich im 10. Jahrhundert aus politischen Gründen als Einsiedler hierher zurückzog und durch sein heiligmäßiges Leben und seine Wundertätigkeit einen Strom von Wallfahrern an den Wolfgangsee zog.
20.000 bis 70.000 Pilger besuchen jährlich den Ort St. Wolfgang. 1994 feierte man den tausendsten Todestag des Heiligen.
Geologisch gesehen wurde der Wolfgangsee wie alle großen Salzkammergutseen in der Würm-Eiszeit (vor 60.000 bis 10.000 Jahren) von den Gletschermassen überformt. Der späteiszeitliche Seespiegel dürfte 50 m höher als der heutige gewesen sein.

Typisch für die Form des Wolfgangsees ist die Halbinsel Abersee (gegenüber von St. Wolfgang), die durch die Aufschüttung des Zinkenbachs entstanden ist. Ein nur mehr 240 m breiter Streifen trennt das nordseitige und südseitige Ufer. Hier befindet sich ein Schwemmkegel von etwa 164 Millionen Kubikmetern Sand, den man besonders gut von den umliegenden Berggipfeln ausnehmen kann. Diese Aufschüttung dürfte im Laufe der letzten 20.000 Jahre entstanden sein. Bei gleichbleibender Schiebetätigkeit würde der Wolfgangsee in etwa 57.000 bis 80.000 Jahren verschwunden sein. Der Wolfgangsee wird von mehreren Flüssen gespeist und bei Strobl durch den Fluss Ischl in die Traun entwässert.

Lage: Südlich vom Mond- und Attersee; der westliche, größere Teil gehört zum Bundesland Salzburg, der östliche zu Oberösterreich

Seepass: 538 m Seehöhe, fast 11 km lang, zwischen 2,9 km und 240 m breit, nahe der Falkensteinwand 114 m tief

Aktivitäten: Schifffahrt, Bootsverleih, Wasserschifahren, Parasailing, Segeln, Surfen, Baden in allen Seeorten

Fischen: Info in allen Tourismusbüros

Sommerrodelbahn: An der Bundesstraße Strobl–Abersee (2 Bahnen)

Radfahren: Wolfgangsee–Schwarzensee–Attersee, entlang des Südwestufers, Wolfgangsee–Mondsee

Minigolf: Neben der Schafbergbahn in St. Wolfgang, in Abersee, in Hallenbadnähe in St. Gilgen

Kinderspielplätze: In St. Wolfgang in der Nähe der Schafbergbahn und am Ende der Dr.-Rais-Promenade in St. Gilgen im Zentrum (nahe dem Gemeindebad)

Puppenmuseum: In St. Wolfgang

Wildpark: Südlich von Strobl beim Gasthaus Kleefeld

Paragleitkurse: Auf dem Zwölferhorn

Ballonfahren: In St. Wolfgang (Tel. 06138 / 30 27)

Schifahren: Auf dem Zwölferhorn und im Postalmgebiet

Langlaufen, Schitouren: Auf der Postalm

Anziehungspunkt für Touristen aus aller Welt sind vor allem die Orte St. Gilgen, Strobl und St. Wolfgang

St. Gilgen bei Nacht

St. Gilgen

Am westlichen Ende des Wolfgangsees liegt St. Gilgen. Der Markt leitet seinen Namen vom hl. Ägydius ab. Der Ort darf sich rühmen, Geburtsort von Mozarts Mutter zu sein. **Das Musik-Instrumente-Museum** und der **Mozartbrunnen** im Ort erinnern an die musikalische Vergangenheit.

St. Gilgen kann auch einen Nobelpreisträger vorweisen, Karl von Frisch. Er wies u. a. nach, dass Fische Farben und Töne unterscheiden können und dass die Bienen sich nach dem polarisierten Himmelslicht orientieren. Wenn wir durch den malerischen Brunnwinkel zum Hochzeitskreuz wandern, kommen wir am Familienbesitz der Familie Frisch und an einer Gedenktafel für den großen Zoologen vorbei.

St. Wolfgang

Das berühmte St. Wolfgang hat seinen Namen vom Regensburger Bischof Wolfgang, der sich hierher als Einsiedler zurückzog.

Nach einiger Zeit kargen Eremiten-Daseins wollte er der Legende nach ein Kirchlein bauen. Da er sich von Gott zeigen lassen wollte, wo das Gotteshaus stehen sollte, schwang er auf einem Felsvorsprung ein Beil und warf es in die Luft. Auf dem Platz, wo er es fand, begann er mit dem Kirchenbau. Der Teufel hatte gar keine Freude damit und ersann eine List. Er bot sich an, Wolfgang beim Kirchenbau zu helfen. Als Belohnung sollte ihm der Erste gehören, der vor die fertige Kapelle träte. Wolfgang konnte wirklich Hilfe gebrauchen und so ließ er sich auf den Handel ein.

Als nun das Bauwerk fertig wurde, betete der heilige Mann, damit durch seinen Pakt kein Mensch zu Schaden käme. Und siehe, wer kam als erstes Opfer auf das kleine Kirchlein zu? Ein Wolf! Wütend zerriss der Teufel das Tier und verschwand auf Nimmerwiedersehen. Genau über der damaligen Kapelle befindet sich die heutige Kirche, um die herum sich der Ort St. Wolfgang entwickelte.

Über St. Wolfgang kann man sagen: Love it or hate it! Was für den einen liebliche Idylle, ist für den anderen eine überlaufene Touristenhochburg.

Auf jeden Fall ist St. Wolfgang der einzige Ort im Salzkammergut, der es im vorigen Jahrhundert zu Weltruhm gebracht hat. Und zwar durch die Operette „Im Weißen Rößl" von Ralph Benatzky. Das gleichnamige Hotel existiert noch heute und ist genauso ein Anziehungspunkt wie die berühmte Kirche gleich daneben.

St. Wolfgang war jahrhundertelang einer der bedeutendsten Wallfahrtsorte Mitteleuropas. Die Kirche beherbergt einen kostbaren gotischen Flügelaltar von Michael Pacher, einen barocken Doppelaltar von Thomas Schwanthaler und Werke von Meinrad Guggenbichler. Vom Kirchenplatz und auch vom Kalvarienberg bietet sich ein herrlicher Blick auf den See.

Weiters beachtenswert sind die berühmte **Zahnradbahn** auf den Schafberg und der Seifenladen der einheimischen Seifensiederei. Empfehlenswert ist auch eine Pilgerreise zum Falkenstein entlang des Sees.

20 Rund um den Wolfgangsee

Ausgangspunkt: Marktplatz von St. Wolfgang

Wanderzeit: Bis zu 9 Stunden für eine Strecke von rund 27 km; wir können fast jederzeit auf ein Linienschiff umsteigen.

Einkehrmöglichkeit: Gastbetriebe rund um den See

Jeden dritten Sonntag im Oktober wird der Lauf um den Wolfgangsee abgehalten. Der Streckenrekord liegt bei 1 ½ Stunden, aber wir als Wanderer wollen uns ja nicht unbedingt mit diesen Hochleistungssportlern messen!

Über den geschichtsträchtigen Falkenstein wandern wir zur berühmten Kapelle des hl. Wolfgang, dann hinab zum See und weiter nach St. Gilgen. Über die Esplanade führt die Route entlang des Sees und später auf der Trasse der ehemaligen Lokalbahn Bad Ischl–Salzburg nach Strobl. Der Sommerwanderer kann natürlich zwischendurch im warmen Wolfgangsee baden. Über den Bürglsteig geht es zurück nach St. Wolfgang.

21 Ahornplatz und Kalvarienberg

Ausgangspunkt: Hotel Peter in St. Wolfgang
Wanderzeit: Ca. 20 Minuten auf den Kalvarienberg

Gegenüber dem Hotel Peter folgen wir dem ansteigenden Weg. Breit liegt der „Moabauer" in den Wiesen und bald erreichen wir den Ahornplatz mit seinem Ahornwäldchen, an dessen mächtigen Stämmen man schon 400 Jahresringe zählte.
Vom Kalvarienberg können wir entweder gleich nach St. Wolfgang hinuntergehen oder etwa 30 Minuten zu den romantischen Dittelbachfällen weiter wandern und von dort in weiteren 25 Minuten wieder den Ort erreichen.

22 Mit der Zahnradbahn auf den Schafberg

(Siehe auch Wanderung Nr. 23)

Ausgangspunkt: St. Wolfgang, Schafberg-Bahnhof
Rückweg: Über den „Normalsteig" nach St. Wolfgang
Wanderzeit: Gut 2 Stunden
Tipp: Mit einer echten Dampflock fahren!

Während die reizende, Rauch und Funken speiende Eisenbahn „zwischen Salzburg und Bad Ischl" längst von Autobussen ab-

gelöst wurde, pustet und qualmt die weltbekannte Zahnradbahn immer noch zur Freude tausender Urlauber hinauf zum Gipfel des Schafbergs (1.782 m).

Mit dem Bau wurde 1892 begonnen. Der Betrieb wird seither mit fünf Dampflokomotiven, die treu ihren Dienst versehen, und mit zwei dieselhydraulischen Triebwagen aufrechterhalten.

Die Zahnradbahnfahrt auf diesen großartigen Aussichtsberg mit dem 14-Seen-Blick ist ein unvergessliches Erlebnis, doch muss man wegen des großen Ansturms im Sommer lange Wartezeiten bis zur Auffahrt einrechnen.

Der Schafberggipfel ist einer der schönsten Aussichtspunkte Österreichs – kein naher Berg behindert die Sicht, lotrecht fällt die Nordwand in die Tiefe. Direkt am Gipfel steht ein Hotel, man kann den Sonnenaufgang also auch vom Bett aus erleben!

Wandern Sie unbedingt den imposanten Felsgrat hinüber zur Schafbergspitze (20 Minuten). Vorsicht, die Felswand bricht lotrecht in die Tiefe, aus der die Schafbergseen heraufleuchten.

23 Über den Schafberg zu den Schafbergseen

(Siehe auch Wanderung Nr. 32)

Ausgangspunkt: St. Wolfgang, Parkplatz bei der Schafbergbahn

Wanderzeit: Ca. 4 Stunden bis ins Tal

Schwierigkeit: Rundwanderweg mit Schafbergauffahrt. Bergerfahrung, Trittsicherheit und Schwindelfreiheit sind nötig. Nicht bei Nässe, Schnee oder Vereisung!

Ein langer Abstieg, der ordentlich in die Knie geht, aber zu den großartigsten Unternehmungen im Salzkammergut zählt! Nach der vergnüglichen Auffahrt (unbedingt mit der echten Dampflok fahren!) betrachten wir unsere Route von der Umzäunung oberhalb des Schafberghotels: atemberaubend der 14-Seen-Blick, in der Tiefe unter uns der Suissensee, von dem aus wir den Schafberg umwandern.

Vom Hotel Schafbergspitze nehmen wir den Kammweg nach Westen und steigen über die Himmelspforte sehr steil hinunter zum **Suissensee**. Direkt über ihm ragt die senkrechte Nordwand des Schafberges über 400 m in den Himmel.
Vom Suissensee wandern wir im Spätfrühling durch ein Meer von Almrosen – zum malerischen **Mittersee**. Wie schon sein Name sagt, liegt er in der Mitte unseres Seentrios in unberührter Gebirgslandschaft. 1959 wurden hier Murmeltiere ausgesetzt, welche prächtig gediehen und von den steilen Felskaren und Schuttrinnen pfeifen, wenn sie uns erblicken oder auch nur hören. Sehr steil geht's dann hinauf zur Scharte und noch steiler hinab zum größten der Schafbergseen, dem **Mönichsee**. Spätestens hier haben wir uns ein kühles Bad im See verdient. Wunderbar ruhevoll ist es hier. Der Bergwald reicht teilweise bis zum See, über den die Felsen des „Teufels Abbiss" in den Himmel ragen.
Weiter führt uns der Weg über die sonnenumfluteten Wiesen der **Vormauer Alm**. Unvergesslich schön ist die Fernsicht zum Dachstein und ins Postalmgebiet, hunderte Gipfel, tief unten der schimmernde Wolfgangsee. Wenn wir noch Zeit haben, nehmen wir als Aussichtsgipfel den **Vormauerstein** (1.451 m) mit – er schenkt einen grandiosen Panoramablick. In weiten Kehren wandern wir dann bereits mit schlotternden Knien hinunter zum Ahornplatz, nach Süden hinab zur Michael-Pacher-Straße und das Ufer entlang weiter zur Talstation der Schafbergbahn.

Murmeltier

24 Postalm

Ausgangspunkt: Strobl am Wolfgangsee, Auffahrt auf der 16 km langen Mautstraße

Wanderungen: Wir greifen nur einige Ziele heraus:

1. Wiesler Alm–Wiesler Horn: 1 ½ Stunden; einfache Wanderung auf Straßen und gut bezeichneten Wegen
2. Pitschenberghütte–Pitschenberg: 2 ½ Stunden; sehr lohnende und nicht schwierige Wanderung
3. Über das ehem. Berggasthaus Huber zum Labenberg: 2 Stunden; nicht schwierige Wanderung

Nach der Seiser Alm in Südtirol ist die Postalm (1.325 m) die größte Almhochfläche Europas, mit einem unglaublich reichen Wanderangebot.

Bis vor 200 Jahren war dieses größte Hochplateau Österreichs ein riesiges Waldgebiet. Dann wurden die Wälder geschlägert und das Holz für den großen Sud- und Pölzholzbedarf der Salzkammergutsalinen verwendet. Die Abtenauer Bergbauern nützten das neu gewonnene Weideland und die Postalm wurde nicht mehr aufgeforstet.

25 Die Bürglstein-Runde

Ausgangspunkt: Strobl am Ostende des Sees

Wanderzeit: 1 Stunde

Schwierigkeit: Immer auf flachen Wegen

Den entzückenden Bürglsteig auf Stegen und Brücken über dem Wasser des Wolfgangsees muss man gewandert sein.

Von Strobl aus marschieren wir das Seeufer entlang Richtung St. Wolfgang und auf der Bürglpromenade bis zum Campingplatz Berau. Von dort geht es auf dem Gehsteig neben der Straße am Campingplatz Appesbach vorbei bis zum Ortsfriedhof. Von der Schiffsstation St. Wolfgang-Markt auf der Dr.-Rais-Promenade fahren wir mit dem Schiff (oder Bus) nach Strobl zurück.

26 Mit der Seilbahn auf das Zwölferhorn

Ausgangspunkt: St. Gilgen, Bergstation der Zwölferhornbahn (1. Mai bis 31. Oktober geöffnet)

Wanderungen:

1. Pillstein-Panorama-Rundweg: 1–1 ½ Stunden
2. In 2–2 ½ Stunden nach Brunn, Rückfahrt mit ÖBB-Bussen

Von der Bergstation sind es nur wenige Minuten zum Gipfel des Zwölferhorns (1.521 m). In einer schönen Gratwanderung steigen wir zur Arnika-Hütte ab und weiter zur Wiesenkuppe des Pillsteinkopfes. Über die Illingerberger Alm wandern wir hinunter ins Tal bis Brunn. Nachteil: Die Wanderung endet auf offener Landstraße.

27 Spazierweg zum Hochzeitskreuz

Ausgangspunkt: St. Gilgen, Mondseer Straße

Wanderzeit: 1 ¼ Stunden bis zum Kreuz

Einkehrmöglichkeit: Gasthaus Fürnberg (45 Minuten)

Über die alte Mondseer Straße wandern wir nach Brunnwinkl, vorbei an der Wandertafel zum Gedenken an den Dichter der Bergpsalmen, Viktor Scheffel, bis zum Gasthof Fürnberg. Entweder über den Steig oder bequemer entlang des Fahrweges erreichen wir das Hochzeitskreuz.

Dieses Kreuz erinnert an eine ausgelassene Hochzeitsgesellschaft, welche ihr Fest auf dem Eis des Wolfgangsees abhielt. Das Eis barst und die ganze Gesellschaft wurde von den eisigen Fluten verschlungen. Nur das Hochzeitspaar und die Musikanten, denen das gottlose Treiben zu viel geworden war, hatten das Eis vorher verlassen und waren somit gerettet.

Vom Gasthof Fürnberg besteht die Möglichkeit, mit dem Schiff nach St. Gilgen zurückzufahren.

28 Von Gilgen nach St. Wolfgang

Ausgangspunkt: St. Gilgen, Mozartplatz
Wanderzeit: 3 Stunden (Halbtagswanderung)
Schwierigkeit: Auf Straßen oder breiten Wegen; Rückfahrt mit dem Linienschiff der ÖBB (Mai bis Oktober)

Diesen sagenumwobenen Wallfahrerweg wanderten vor uns viele tausende von Pilgern, da er direkt zur Kapelle und Höhle führt, wo der Bischof Wolfgang als Eremit gewohnt hat.

Der Falkenstein ist ein leicht zu ersteigender, großartiger Aussichtsgipfel. Von dort soll der hl. Wolfgang seine Axt geschleudert haben, um an ihrem Fundort zur Ehre Gottes eine Kapelle zu erbauen (Sage siehe Seite 40).

Wir wandern also über den Gasthof Fürnberg, weiter bis zur Seebucht, wo der Weg links abzweigt. Ansteigend geht es an Kreuzwegstationen vorbei. Die erste Abzweigung rechts bringt uns im Anstieg durch den Wald zum Scheffel-Blick, der uns einen Blick auf den etwa 200 m tiefer liegenden See schenkt. Wieder zurück bei der Abzweigung erreichen wir das Falkensteiner Kirchlein mit der Höhle, die dem hl. Wolfgang anfangs als Unterschlupf diente. Es heißt, wenn man an seinem Glockenstrang zieht, geht ein Wunsch in Erfüllung.

Wir wandern weiter zur Kapelle mit der Wunderquelle, die der hl. Wolfgang mit seinem Stock aufschlug und deren Wasser angeblich noch heute zuverlässig bei Augenleiden hilft.

Über den Falkensteiner Sattel (ca. 750 m) wandern wir über Ried auf dem „Riedersteig" (den links abbiegenden Steig nicht übersehen!) über Hupfmühle und Kalvarienberg nach St. Wolfgang.

Ochsenkreuz im Wolfgangsee

Haleswiessee

Kleiner, verlandeter Karstsee in Hochmoorwiesen

Lage: Nordöstlich vom Wolfgangsee, südlich vom Attersee; ca. 770 m Meereshöhe

Unterhalb des Leonsberges liegt am Nordrand moorig-saurer Almwiesen der Haleswiessee. Er ist von einem breiten Sumpfbinsengras- und Seerosengürtel umgeben; seine Ufer sind dermaßen sumpfig, dass er als Badesee nicht in Frage kommt. Da ihn keine Zubringerbäche speisen, ist er von der zunehmenden Verwachsung und Austrocknung der Seewanne bedroht. In Niederschlagsperioden kommt es aber zu größerem Aufstau.

Die Stille um den See ist so vollkommen, dass man sogar die leisen Luftgeräusche der Greifvögelschwingen hört. Auch die sonst so gut getarnte Rotflügelige Ödlandschrecke entdeckt man hier sofort, weil ihr schnarrendes Fluggeräusch ihren Standort verrät.

Unser Wanderziel ist ein echter Karstsee, umwachsen von mehreren Orchideenarten und anderen typischen Moorpflanzen – ein kostbares Biotop, dessen Schönheit eher im Detail liegt.

29 Kurzwanderung zum Haleswiessee

Ausgangspunkt: Ortschaft Rußbach zwischen Strobl und Bad Ischl

Wanderzeit: ½ Stunde

Von Rußbach aus nehmen wir die Asphaltstraße bis zur Abzweigung der Haleswies-Forststraße vor der Brücke rechts nach Norden. Auf dieser Forststraße kann man bis zu einem Schranken fahren (die Straße führt weiter auf den Leonsberg), von dem es nur mehr 30 Minuten bis zum See sind. Dieses Gebiet ist durch Forststraßen großzügig erschlossen, wir halten uns bei der ersten Verzweigung links, bei den weiteren „Entscheidungen" rechts. Wir nähern uns dem in einer weiten Mulde liegenden Haleswiessee über einen Fahrweg von der rückwärtigen Seite.

Zwischen Bad Ischl und Rußbach

30 Rundwanderweg um den Haleswiessee

Ausgangspunkt: Ortschaft Rußbach zwischen Strobl und Bad Ischl

Wanderzeit: Gemütliche 3 ½ Stunden insgesamt. Gutes Orientierungsvermögen nötig!

Tipp: Die Forststraße auf den Leonsberg (Weg Nr. 811) führt in 2 ½ Stunden zum Attersee (Weißenbach). Wer einen Gipfel „mitnehmen" möchte, kann von hier in etwa 1 Stunde – ziemlich weglos – das **Hocheck** (1.165 m) erwandern. Bei der ersten starken Linkskurve zweigt unser Wanderweg geradeaus ab. Vorsicht: Die Markierung finden wir auf einem Baum! Vom Parkplatz sind es nur 1 ½ km zum Schwarzensee.

Wir parken bei der kleinen Brücke auf dem Weg zum Schwarzensee und wandern die geschotterte Forststraße Richtung Leonsberg hinauf. Bei der Kreuzung zweier Forststraßen halten wir uns links (Schranken umgehen). Nach dem Waldweg wird die Forststraße gekreuzt; wir finden rechts eine Tafel, die unseren Weg Richtung Burgau / Attersee weiter anzeigt. Wenn wir rechter Hand im dichten Wald Wiesenflächen durchscheinen sehen, ist der Haleswiessee nicht mehr weit. Er liegt am nördlichen Ende dieser Alm. Unser Weg zweigt wieder nach rechts ab, er ist an einer Buche durch eine auffallende Markierung gekennzeichnet. – Vorsicht, trotzdem nicht übersehen! Auf dem bewachsenen Fahrweg wandern wir talwärts. Wenn wir den Talboden fast erreicht haben, wenden wir uns vom Weg ab, übersteigen den Stacheldrahtzaun und wandern hinunter in das Hochtal mit seiner sanften Almwiese. Wir hatten großen Spaß an den schnarrenden Rotflügeligen Ödlandschrecken, deren Sprungflüge übenden Paragleitern ähneln. Nun halten wir uns links, ein Mäanderbach verschwindet im sumpfigen Wiesengrund, dann liegt der See direkt vor uns.
Der Weg zurück führt links hinter dem See vorbei, auf einem Fahrweg durch den Wald nach Südwesten (rechts) aufwärts zu einer Anhöhe, nach links zu einer Forststraße. Auf ihr halten wir uns zuerst links, dann rechts und hinunter zum Ausgangspunkt.

Schwarzensee

Blauschwarzer See in waldbewachsener S-förmiger Senke

Die schönsten Badeplätzchen finden Sie am Süd- (hier muss man hinuntersteigen) und Westufer kurz nach dem Gasthaus „Zur Lore". Das Nordufer ist den Fischen als Laichplatz vorbehalten, Baden ist hier verboten. Da der See energiewirtschaftlich genutzt wird, gibt es starke Schwankungen des Wasserspiegels.

Lage: Nördlich von Strobl am Wolfgangsee

Seepass: 716 m Seehöhe, 2 km lang, 400 m breit, ca. 54 m tief

Einkehr: Alpenrestaurant „Zur Lore" (Palmsonntag bis 26. Oktober geöffnet) und „Almstadel"

Aktivitäten: Radfahren – sowohl bergwärts bis zum See als auch um den See, Strobl–Schwarzensee–Eisenau
Fischen: Lizenz im Gasthaus „Zur Lore"

31 Rund um den Schwarzensee *(Siehe auch Wanderung Nr. 4)*

Ausgangspunkt: Ortschaft Rußbach zwischen Strobl und Bad Ischl. Auffahrt auf der 3 km langen Zufahrtsstraße bis zum gebührenpflichtigen Parkplatz am See

Wanderzeit: 1 Stunde

Durch Wald führt eine Asphaltstraße bis zum Nordende. Von hier kann man über die Moosalm und die Burggrabenklamm zum Attersee wandern (2 Stunden).

An dieser Kreuzung beeindruckt die spitze Silhouette des Schafbergs. Wir wandern auf einem breiten Wanderweg dem mit Seerosen bewachsenen Nordufer zu, durch Wald und über Wiesen bis zur Simmerl-Alm. Kurz vor dem Gasthaus „Zur Lore" überschreiten wir eine kleine Staumauer, von der das Seewasser bis zum Elektrizitätswerk in Schwarzenbach hinunterfließt. Von hier sind es nur mehr wenige Minuten bis zu unserem Ausgangspunkt.

Am Schwarzensee

Mönichsee – Mittersee – Suissensee

Drei kühle Karseen zu Füßen der gewaltigen Schafberg-Nordwände

Sie liegen in einem Naturpark von grandioser Schönheit, Romantik und fast vollkommener Bergeinsamkeit und bieten Wanderfreuden in Hochwäldern sowie an der Baumgrenze, wo von unzähligen Stürmen zerfetzte Baumriesen von ihrem bewegten Leben erzählen. Leuchtend rote Almrosenfelder im Frühsommer und brennrote Lärchen im Herbst, Gämsen und Murmeltiere – das ist die Heimat dieser Bergseen, die von dunkelstem Grün bis ins leuchtendste Blau schimmern. Erdrückt werden die Seen beinahe von den himmelstürmenden Nordwänden des Schafbergs.

Lage: Nördlich von St. Wolfgang im Rücken des Schafbergs

Tipp: Manche Seen im Salzkammergut sind mühelos zu erwandern. Diese drei Bergseen gehören nicht dazu. Von welcher Seite wir sie auch immer angehen, es ist kein Spaziergang zu diesen Seen (auf 1.300 bis 1.432 m), aber es wird sich immer lohnen. Wir wollen Ihnen nun zum „Schafberg-Trio“ die schönsten Wandermöglichkeiten ans Herz legen.

32 Fünf-Seen-Wanderung

Attersee–Suissensee–Mittersee–Mönichsee–Schwarzensee

Ausgangspunkt: Attersee, Eisenauer-Alm (Siehe Wanderung Nr. 3)

Wanderzeit: 8–10 Stunden

Einkehrmöglichkeit: Gasthaus „Zur Lore" und Almstadel am Schwarzensee

Wanderung mit Bergschuhen und Badehose.
Von der Eisenauer-Alm erwandern wir in einer Stunde den Suissensee (1.432 m). Weiter geht es in der oben angegebenen Runde bis zur Vormauer-Alm, südwestlich vom Käferwandl hinab zur Dentreitalm und sanft hinauf zum Schwarzensee. In den letzten zwei Wanderstunden nehmen wir den Weg über die Moosalm hinab nach Burgbachau. Der Attersee umschmeichelt uns als das wärmste Badewasser auf der Fünf-Seen-Wanderung im Salzkammergut.

Weitere Wanderungen: Der Mönichsee (1.300 m) ist von St. Wolfgang aus in etwa 2½ Stunden zu erwandern, von ihm aus erreicht man den Mittersee in einer guten Stunde.

Blick auf die Burgbachau mit dem Mondsee im Hintergrund

Krotensee

Dunkler Moorsee – Naturschutzgebiet!

Lage: Direkt neben der Verbindungsstraße Mondsee–Wolfgangsee

Seepass: Ca. 250 m Durchmesser; kleiner, sehr warmer See mit Liegewiese am Westufer, reich an Forellen

Einkehr: Landgasthof „Batzenhäusl“: Bereits im Jahre 1610 war hier ein Mauthaus mit Mostausschank für den Scharflinger Pass. Für den Zoll wurde hier in „Batzen“, das waren kleine Silbermünzen, bezahlt. 1893 wurde die Salzkammergut-Lokalbahn Salzburg–Bad Ischl von Kaiser Franz Josef eröffnet und die Haltestelle Hüttenstein befand sich direkt gegenüber vom Batzenhäusl.
Heute bietet das Batzenhäusl Ausstellungen in der Künstlerstube und eine ausgezeichnete Küche.

Besonderheiten: Das gegenüberliegende Schloss Hüttenstein. Kontrast von gemütlicher Liegewiese und dem scharf konturierten Schafberggipfel darüber.

Wandermöglichkeiten: Spaziergänge und Wanderungen führen in westlicher Richtung mitten hinein in weite Wälder bis zum Eibensee.

Nussensee

Dunkles Gewässer inmitten hoher Wälder

Die Seewanne wurde durch eine Überschiebung der Dachsteindecke vorgebildet und nachträglich durch eine Seitenzunge des Traungletschers ausgeschliffen.

Der ovale See wird durch kleine Zubringerbäche, die nicht immer Wasser führen, und durch unterseeischen Karstquellen gespeist und über den Nussenbach entwässert. Durch die unterschiedliche Wasserzuführung weist der Seespiegel extreme Schwankungen auf, die 5–6 m erreichen können.

Der Nussensee ist größtenteils von Wald umsäumt, die Badewiesen sind in Privatbesitz. Nur eine schmale Sandbucht bleibt dem Besucher zum Baden. Tauchverbot!

Lage: Westlich von Bad Ischl, am Fuß des Katergebirges

Seepass: 604 m Seehöhe, bis 14 m tief, 750 m breit;
sehr fischreich

Einkehr: Gasthaus Grabner, ca. 20. Minuten Fußweg vom See (Mittwoch Ruhetag). Hübscher Gastgarten mit Linden, der Ausblick auf Schafberg, Leonsberg und Loser lässt niemanden unberührt.

Aktivitäten: Badesee (bis zu 25 °C) im Sommer, Tummelplatz für Eisstockschützen im Winter, Radfahren.

33 Rund um den Nussensee

Ausgangspunkt: Parkplatz in Seeufernähe
Wanderzeit: ¾ Stunde

Auf einem gepflegten Weg wandern wir meist knapp am Ufer im Wald um den See. Der Baumbestand reicht bis in das Wasser. Aufmerksame Wanderer können Fische zwischen den Stämmen und Wurzeln beobachten. Von den privaten Seegründen bietet sich ein schöner Blick zur Katrin, ins Katergebirge und zum bizarren Gipfel des Rettenkogels.
Von dieser Uferseite aus können wir nach Überwindung einer beträchtlichen Steigung auf dem breiten Schotterweg zum Gasthaus Grabner wandern.

34 Bad Ischl–Nussensee

Ausgangspunkt: Talstation der Katrinseilbahn
Wanderzeit: Halbtagswanderung

Durch die Kaltenbachstraße wandern wir links hinauf zur Lindaustraße. Auf dieser verkehrsreichen Straße spazieren wir durch eine typische Salzkammergut-Landschaft. Bauernhöfe säumen unseren Weg durch das Tal zwischen Katrin und Leonsberg. Nach ca. 2 km (bis hierher könnte man mit dem Auto fahren) biegt der Fußweg zum Nussensee ab. Durch Wald, an Wiesen vorbei, die Blicke zum Steilabsturz des Schafbergs und zum Leonsberg freigeben, wandern wir auf einem schottrigen, teilweise ausgewaschenen Hohlweg unserem Ziel zu. Völlig überraschend liegt der Nussensee mit seinem dunklen Wasser zu unseren Füßen, umsäumt von Wald und einer einladenden, sandigen Mini-Badebucht.
Zurück wandern wir auf dem schattigen Elisabeth-Waldweg. Er führt oberhalb vom Gasthaus Grabner über Pfandl zum Kalvarienberg nach Bad Ischl. Von dort genießen wir den Blick auf die uns zu Füßen liegende Kaiserstadt.

FUSCHLSEE

Smaragdgrüner bis türkisblauer Natursee

Inmitten von wald- oder wiesengrünen Uferlandschaften liegt der Fuschlsee, unverkennbar mit den eigenwillig geformten Höhen des Schobers, des Ellmausteins und dem markanten Gipfelbau des Schafbergs darüber. Mit seinem glasklaren Wasser, der Unberührtheit seiner naturgeschützten Landschaft und dem berühmten Schloss Fuschl ist er ein beliebter Anziehungspunkt. An seinem Ostende liegt Fuschl, die einzige Ortschaft direkt am See.

Lage: 30 km westlich von Bad Ischl im Bundesland Salzburg. Er ist das Tor zum Salzkammergut vom Westen her.

Seepass: 669 m Seehöhe, 5,5 km lang, 800 m breit, 65,5 m tief

Aktivitäten: Bootsvermietung, Tauchen, Segeln und Surfen, Bogenschießen und Reiten in Fuschl, Minigolf (Strandbad und Seepromenade), Sommerrodelbahn, Golfen, Fischen – Fischerkarte z. B. im Fremdenverkehrsbüro

Baden: Strandbad mit Naturstrand in Fuschl, Wildbaden am West- und Südufer des Fuschlsees (Parkplatzgebühren)

Radfahren: Fuschlsee–Hintersee

Besonderheiten: Fuschl hat einen besonders schönen Naturbadestrand, von Bäumen natürlich beschattet. Sehr bekannt ist das Schloss Fuschl mit Hotel-Restaurant, Golfplatz, Tierpark und einem Jagdmuseum (Pfeifensammlung mit über 1.000 Exponaten). Parken auf einem der Parkplätze vor der Ortseinfahrt!

35 Ruine Wartenfels

Ausgangspunkt: Ortszentrum Fuschl (Kirche)

Wanderzeit: Insgesamt 3 ½ Stunden auf gut markiertem, steilem Pfad

Tipp: Von der Ruine Wartenfels in 1 Stunde auf den Schober – nur für Trittsichere!

Wir nehmen die Straße zum See bis zum Parkhotel Waldhof. Hier zweigen wir rechts ab und wandern durch Wald und über Wiesen hinauf zum Schoberbauern. Von dort geht es zur Ruine Wartenfels (924 m), von der wir den wunderschönen Rundblick über den Fuschlsee und das Thalgau-Mondsee-Tal genießen können.

Weitere Wanderungen: Jausenstationen Wartenfels (Mai–Oktober geöffnet) und G'Schlössl

Am Fuschlsee

36 Rund um den Fuschlsee

Ausgangspunkt: Ortszentrum Fuschl (Kirche), Hotel Seewinkel

Wanderzeit: 3 Stunden, 12 km (Halbtagswanderung)

Einkehrmöglichkeit: Jausenstation Berger auf halbem Weg, Schloss Fuschl

Tipp: Wer nicht die ganze Strecke zu Fuß bewältigen möchte, kann eine Hälfte mit der Zille zurücklegen. In ca. 2 Stunden wandern wir dann bis zur Fischerei, die zum berühmten Schloss Fuschl gehört. Die dort angebotenen geräucherten Forellen darf man sich nicht entgehen lassen! Von hier können wir mit der Zille in lautloser Fahrt über den glasklaren See nach Fuschl zurückgleiten (Info über Zillenfahrt im Gasthaus Waldhof, Tel. 06226/8264).

Die Wanderung führt meist entlang des Seeufers, durch Wiesen, über die Fuschler Ache und vorbei am berühmten Schloss Fuschl. Am Südufer kommen wir durch den Wald und an einer Klamm vorbei. Beim Brunnwirt erreichen wir die Bundesstraße, über das Strandbad wandern wir zurück zum Ausgangspunkt.

37 Wanderung zum Mozart-Blick

Ausgangspunkt: Ortszentrum Fuschl (Kirche)

Wanderzeit: Insgesamt 3–4 Stunden

Einkehrmöglichkeit: Jägerwirt in Ellmau, Landgasthof Hochlackenhof

Vom Ortszentrum wandern wir die Ellmaustraße durch das wunderschöne Ellmautal zum Hochlackenhof. Von dort erreichen wir auf einem Fußweg in 10 Minuten den Aussichtspunkt „Mozart-Blick". Wir wandern ein kurzes Stück zurück, nehmen den Weg Richtung Zwölferhof. Nach ca. 10 Minuten gabelt sich der Weg, wir wandern rechts zum Rehgrasbauern und treffen dann wieder auf die Ellmaustraße.

Eibensee

Dunkler, aber nicht unfreundlicher kleiner See

Lage: Zwischen Fuschl- und Wolfgangsee
Seepass: 925 m Seehöhe

Er liegt in einer waldumflorten Senke und ist eine Mischung zwischen Moor- und Bergsee. Das Ostufer ist ein Stück naturbelassene Moorlandschaft (Gelbe Sumpfiris, Schilf). Große Mengen an Schwemmholz prägen das Ufer und den Abfluss. Das anschließende felsige Ufer bietet (neben einigen Schotterbänken) schöne Möglichkeiten, ins klare Wasser zu springen. Dort gibt es auch ein tolles Echo, bei dem sogar ganze Sätze verständlich zurückgeworfen werden! Die Fische sind hier so zahm, dass sie ganz zart an unseren Füßen knabbern ... Der Eibensee lässt sich in ½ Stunde umwandern. Übrigens: Am Eibensee gibt es keine einzige Eibe!

38 Von Fuschl zum Eibensee

Ausgangspunkt: Tourismusbüro Fuschl
Wanderzeit: 3 ½ Stunden, insgesamt 10 km

Zwei Seen auf einen Schlag! Ein gut markierter und sehr schöner Wanderweg mit sanften Steigungen führt über die Oberdorfstraße Richtung St. Gilgen bis zum Beginn des Wanderweges mit der Tafel „Eibensee" (nach Pension Füsslmühle). Dort biegen wir links ab, überqueren die kleine Brücke am Bach und folgen dem Wegweiser „Eibensee".

39 Von der „Kleiner-Kapelle" zum Eibensee

(Siehe auch Wanderung 38)

Ausgangspunkt: „Kleiner-Kapelle". Exakt 2,4 km westlich von St. Gilgen, kurz vor dem Gimsenwirt, windet sich rechts eine Forststraße bergwärts, neben der sich die Kapelle befindet.

Wanderzeit: Eine knappe Stunde von der Kapelle, beträchtlich länger über die gemütlich zu bewandernde Forststraße. Möglichkeit des Weiterwanderns bis Fuschl (mit Bus zurück zum Gimsenwirt).

Auf einem steilen Hohl-, später Waldweg geht es flott aufwärts, Brombeeren, wilder Majoran (blüht in rosaroten Trugdolden) und Pfefferminze säumen den gut beschilderten Weg. Ganz plötzlich geht es genauso steil bergab wie vorher bergauf und wir haben in wenigen Minuten unser Ziel erreicht.

Filblingsee

Abgeschiedener, dunkler Moorsee mit dottergelbem Teichrosengürtel

Lage: Südwestlich von Fuschl im Bundesland Salzburg in 1.064 m Seehöhe

Er ist einer der unbekanntesten Seen im reichen Angebot des Salzkammergutes. Dunkel und still liegt er in einem bewaldeten hohen Kessel. Zum Baden wird er speziell Gesundheitsapostel verlocken, ist er doch rundherum moorig und sein tiefes Wasser von kalten Strömungen durchflutet. Ein vollkommen naturbelassenes, kostbares Biotop, welches mit einem großen Jausentisch zum gemütlichen Ausrasten in nur von Vogelgezwitscher durchdrungener Stille einlädt. In knapp 20 Minuten ist er auf zum Teil morastigem Weg zu umrunden.

40 Vom Fuschlsee zum Filblingsee

Ausgangspunkt: Fuschl. 800 m westlich vom Brunnwirt, auf der Umfahrungsstraße zweigt nach einer Brücke ganz plötzlich ein Weg zu einer aufgelassenen Schottergrube ab. Parkmöglichkeit.

Wanderzeit: ¾–1 Stunde

Einkehrmöglichkeit: „Mozartstubn" hinter dem Fuschler Strandbad (großes Eisangebot, großzügige Stücke hausgemachter Mehlspeisen)

Auf breitem Schotter- bzw. Waldweg kann man wegen der außergewöhnlichen Steilheit ganz schön außer Atem geraten – eine Herausforderung für Sonntagswanderer! Wir können zweimal einen herrlichen Tiefblick auf den weit unter uns liegenden smaragdgrünen Fuschlsee genießen.

Tipp: Wem der See als Ziel noch nicht genügt, kann in einer guten halben Stunde ebenso steil (aber durchaus familienfreundlich) auf den Gipfel des Filbling (1.307 m) wandern. Der Rundblick von seinem baumfreien Gipfelkamm lohnt diese Mühe.

Abseits gelegener, von einer Straße erschlossener See in einem Hochtal in 688 m Seehöhe

Lage: Vom Westende des Fuschlsees führt eine 14 km lange Straße durch das Erholungsgebiet Faistenau in die Ortschaft Hintersee, welche Ausgangspunkt für herrliche Wanderungen ist. Auf halbem Weg dorthin liegt der Hintersee mit seinem winzigen, von Blutweiderich umwachsenen Bruder am Südende.

Einkehr: Badebuffet (bei Badewetter) am Südufer beim Haus Hirschpoint, Gasthaus Café Hintersee (im 6 km entfernten Ort Hintersee) am Dorfplatz

41 Wanderungen am Hintersee

Aus den vielen Möglichkeiten greifen wir drei heraus:

1. In einer Stunde kann man den **Hintersee umwandern** bzw. mit dem Fahrrad umrunden.
2. In ca. 45 Minuten erreicht man die **Eiskapelle** im Grießbachkessel. Mächtige Schneemassen, die das ganze Jahr über liegen bleiben, bilden diese Eiskapelle. Vom Parkplatz an der Hinterseer-Landesstraße ausgehend führt ein Schotterweg (3 km) mit kleinen Steigungen dorthin.
2. Bergwanderer, die den Überblick lieben, erwandern in 3 Stunden den **Faistenauer Schafberg** (1.559 m).

Region Traunsee
Region Almsee

Eibenberg
1598
Steinberg
1458
Steinbergwände
Griesseneckbach
Moosau
Kreuzeck
1306
Jagdschloss
Auerbach
Habernau
Ghf. Jagersimmerl
Langscheidalm
Schwarzenbrunn
Seeklause
Hetzau
Seeleithen
Ödsee
Offensee
Gschirreck
1410
Gschirrhütte
Almsee
Almtaler Haus
(714)
Jagdschloss
Ghf. Seehaus
(591)
In der Röll
Weißhorn
1755
Rinnerhütte
(1470)
Gr. Woising
2064
1535
Wildensee
©arbeitsgemeinschaft kartographie
Flachberg
790
Edt
St. Konrad
Kotbach
Reith
Haslgraben
Pühret
Viechtwang
Hst.
Steinfelden
Schloss
Dorf
Mühldorf
Flugfeld
Bhf.
Scharnstein
(520)
Brückl-
graben
Steinbach
am Ziehberg
(547)
Matzing
Grubbach
Hst.
Ramsau Alm
Laudachsee
(895)
Traunstein
1691
Gmundner Htt.
Traunsteinhtt.
(1575)
Mair Alm
(789)
Steineck
1418
1158
Durchgang
Hochsalm
1405
Gangjodl
Rauhkogel
1240
Zwillingskogel
1402
Almegg
Redlmühl
Wändt
Enzenbach-
mühle
Hochkogel
1486
Vorderer Rinnbach
Grünau
im Almtal
Bhf.
(528)
In der Lahn
Glinserhtt.
Obere Höll
Rinnbach
(717)
Karbachstube
Peham
Rabenbrunn
Hochberghaus
Farrenaubühel
1287
Heckenau
Farrenauhütte
Schindlbach
Gaßlkogel
1411
Gaßl Tropfsteinhöhle
Grünauer Boden Htt.
Tennalm
(1365)
Fischernau
Zwieseleck
1325
Auinger
Grünangerl
1025
Sepp Huber-
Hütte
(1506)
Kasberg
1747
Donnersteinhtt.
Alm
siehe Einsatzkarte

Von Bergen und Hügeln umrahmter Traum-See

Was ist es, das den Traunsee so einzigartig macht? Vielleicht liegt seine Anziehungskraft im Gegensatz von sanfter Hügellandschaft im Norden des Sees und den bereits schroffen Kalkbergen im Süden um Ebensee.

Schon die Römer liebten diesen See und nannten ihn angeblich „lacus felix" – glücklicher See. Reste von Pfahlbauten weisen allerdings auf eine noch ältere Besiedelung hin.

Auf seinem Wasser wurde das „weiße Gold" Salz auf dem Weg von Hallstatt nach Gmunden verschifft, um von hier aus in die ganze Welt verfrachtet zu werden.

Der Traunsee liegt am Nordrand der Kalkalpen und ist mit 191 m der tiefste See Österreichs. Er wird von der Traun gespeist, die zuvor schon eine Reihe von Seen entwässert. Daher ist auch die Traun vor der Mündung in den See in Ebensee ein mächtiger Fluss, der dem See 80 % der oberirdischen Zuflussmenge zuführt. Das einfließende Wasser verweilt ca. ein Jahr im See, bevor es ihn bei Gmunden wieder verlässt.

Der Traunsee erreicht u. a. wegen der überaus starken Durchflutung durch die Traun keine so hohen Badetemperaturen, er friert auch selten ganz zu – zuletzt im Jahre 1963.

Das Becken des Traunsees ist eine sich von Norden nach Süden erstreckende Wanne, vorgeformt bei der Auffaltung der Alpen und durch die Traunsee-Plattenverschiebung, die auch den Traunstein vom Höllengebirge trennte.
Am Ostufer bilden die Felsen des gewaltigen Traunsteinmassivs zum Teil senkrecht aus dem See aufragende Wände aus Hauptdolomit und grauen Wettersteinkalken. Der Nordteil des Sees liegt bereits in der Flyschzone.
Durch die Gletschereismassen der Eiszeiten, die bis ins Alpenvorland vordrangen, erhielt der Traunsee sein heutiges Aussehen. Die Schottermassen, die der Gletscher vor sich herschob, umgürten heute als Moränen den nördlichen Teil des Traunsees. Der Eisseespiegel wies damals eine Höhe von 470 m auf! Die Schliffwände am Ende des Mieswegs bei der Lainaustiege und bei Rindbach / Ebensee zeugen noch davon.

Aufgrund seines großen Einzugsgebietes von mehr als 1.417 km^2 reagiert der See sehr rasch und empfindlich auf kräftige Niederschläge und Schneeschmelzen, was früher mehrmals im Jahr zu Hochwasser führte. Seit dem Jahre 1969 reguliert das Kraftwerk Gmunden den Spiegel des Traunsees.
Den regen Tourismus verdankt die Region nicht zuletzt der Fernsehserie „Schlosshotel Orth", welche in der ganzen Welt ausgestrahlt wird. Im Sommer kann man bei Führungen mehr über die Geschichte des legendären Schlosses Ort im Traunsee erfahren.
Am Traunsee fährt auch der wahrscheinlich älteste Raddampfer der Welt, die Gisela. Ein weiteres schwimmendes Wahrzeichen des

Raddampfer Gisela

Traunsees ist der Höckerschwan, von dem auf Anordnung von Erzherzogin Elisabeth 1875 zwei Paare von Schloss Laxenburg nach Gmunden übersiedelt wurden. Inzwischen ist er hier so heimisch geworden, dass der Bestand auf ca. 200 Exemplare angewachsen ist. Auch die Stockenten sind hier fast zu Haustieren geworden, Tafel- und Reiherenten, Blässhühner, Möwen, Haubentaucher und Duckenten, Zwergtaucher und Schwarzhalstaucher zählen zu den gefiederten Bewohnern des Sees. Kormorane, Grau- und Fischreiher stehen aufgrund ihrer Hauptnahrungsquelle auf Dauerkriegsfuß mit den Fischern. Der wichtigste Nutzfisch des Traunsees ist die Reinanke.

Seepass: 422 m Meereshöhe, 12,2 km lang, 3 km breit, mit ca. 200 m Tiefe (bei Traunkirchen) der tiefste und zweitgrößte (24 km^2) Salzkammergutsee

Bootsvermietung: Esplanade in Gmunden und in allen Orten am See

Bademöglichkeiten: Das gesamte Ostufer bis zum Traustein ist frei zugänglich, ebenfalls die Esplanade Altmünster, die Bräuwiese und die Badewiese in Traunkirchen, Solar-Erlebnisbad in Gmunden, Solarbad in Altmünster, Freizeitzentrum Rindbach in Ebensee (ideal für Familien)

Aktivitäten:

Traunseeflotte (Tel. 07612/66700)

Minigolfplätze: Gmunden und Altmünster

Parasailing und Wasserschifahren

Segeln: Bootsvermietung Frauscher in Gmunden. Berüchtigt ist der „Viechtauer Wind", der mit bis zu Windstärke 8 über die Wasserfläche fegen kann.

Surfen: In Gmunden beim Hammerschmied und in allen Seeorten; bester Surf- und Segelwind in der Ebenseer Bucht.

Fischen: Fischerkarte bei Fa. Höller, Tel. 07612/64222

Kinderspielplätze: In Gmunden am Ende der Esplanade, am Kalvarienberg und in der Nähe der Grünberg-Seilbahn, in Altmünster an der Seepromenade, in Traunkirchen hinter der Kirche am Seeufer

Radfahren: Radfahrweg Gmunden–Traunkirchen, Gmunden–Laakirchen–Gschwandt

Alpinschule (Kanu, Canyoning, Rafting, Klettern), Tel. 07612/74877

Motorbootfahren: Von 1. September bis 30. Juni erlaubt! Slipperanlage in Gmunden, am Ende der Esplanade

Gmunden

Was macht Gmunden so einzigartig? Die Mischung aus schroffen Bergen und sanfthügeligem Alpenvorland? Das Fjordähnliche des dunklen Bergsees und das Flair des mediterranen Stadtbildes, das an die italienische Riviera denken lässt? Oder einfach die erhabene Stille des Wächters über das Salzkammergut, dem Traunstein?

Schon in der **Jungsteinzeit** lebten Menschen an den Ufern des Traunsees, ernährten sich von Jagd und Fischfang. Auch aus der Bronzezeit zeugen zahlreiche Funde von menschlicher Existenz. Man handelte damals bereits mit dem Salz, das vom Hallstätter Salzberg in den Donauraum verfrachtet wurde. Zur **Römerzeit** war Gmunden vermutlich ein kleines Dorf an der Salzstraße. Einer der bedeutendsten Funde aus dieser Zeit ist die „Villa rustica" beim Engelhof, ein römisches Landhaus mit Badehaus und Töpferwerkstätte (!).

Das Aufblühen des **Salzhandels** im 12. und 13. Jh. bedeutete für Gmunden den Aufstieg zu einem wichtigen Salzumschlagplatz. 1278 wurde Gmunden zur landesfürstlichen Stadt erhoben. Die Traun war damals Lebensader zwischen dem inneren Salzkammergut und der Welt. Auf ihr wurde das Salz unter Einsatz des Lebens

Schloss Ort

auf Zillen und Traunern transportiert. Ein großer Fortschritt war die Eröffnung der **Pferdeeisenbahn** im Jahr 1825, sie führte vom Gmundener Rathausplatz über Linz nach Budweis, wurde aber bereits 1836 von der Dampfeisenbahn wieder abgelöst.
Gmunden verlor als Salzhandelsstadt seine Bedeutung und sah im aufkommenden **Fremdenverkehr** eine neue Chance. 1852 wurde Gmunden Kurstadt und beherbergte berühmte Gäste wie Franz Schubert, Nikolaus Lenau, Friedrich Hebbel, Johannes Brahms.
Als Drehort der Fernsehserie „Schlosshotel Orth" versucht Gmunden an die touristische Erfolgsgeschichte anzuknüpfen. Auch als Keramikstadt hat Gmunden einen Namen, der durch Firmen wie Födinger- und Pesendorfer-Keramik, die Gmundner Keramik Manufaktur und den im August stattfindenden österreichischen Töpfermarkt bestätigt wird.
Sehenswert: das **Gmundner Stadtmuseum**, das Museum für historische Sanitärobjekte **„Klo&So"** in der Traungasse, das **Thomas-Bernhard-Archiv** beim Toscanapark, die **Stadtpfarrkirche** (Dreikönigsaltar von Thomas Schwanthaler), das Puppen- und **Spielzeugmuseum** im Hotel Austria, das See- und **Landschloss Ort**, das k.u.k. Stadttheater, verschiedene Galerien (Rathaus, Kammerhof, 422) sowie das **Glockenspiel im Rathaus**.
Machen Sie eine Fahrt mit der steilsten Straßenbahn Österreichs, Gmundens „steilstem Stolz", oder mit dem **Raddampfer „Gisela"**!
„Gmundner Festwochen" und „Märchentage" im Sommer, Österreichischer Töpfermarkt im August, Lichter- und Altstadtfest, Symposien der konstruktiven internationalen Kunst, „Kulturvermerke" im Oktober; jeden Dienstag Wochenmarkt am Stadtplatz.

Altmünster

Wie der Name des Ortes vermuten lässt, befand sich hier die schon im 10. Jh. mehrfach erwähnte Abtei Trunseo (Traunsee). Hier wurde im 12. Jh. die romanische Kirche errichtet; im 15. Jh. bekam sie ihre heutige Gestalt in Form einer weiträumigen gotischen **Hallenkirche** (ausdrucksstarke Heiligenfiguren von Michael Zürn dem Jüngeren).
Bekannt sind die „Altmünsterer Kulturtage", Ausstellungen und Konzerte im Schloss Ebenzweier (heute Internat der Gastgewerblichen Berufsschule, Park mit botanischen Raritäten); sehenswertes Radmuseum.

Traunkirchen

Dort wo die Felsen des Sonnsteins senkrecht aus dem Wasser zu wachsen scheinen, schiebt sich eine klippenartige Halbinsel in den Traunsee vor. Hier gründeten Benediktinerinnen 1020 auf älteren Fundamenten ein Kloster, von dem die Christianisierung ins innere Salzkammergut ausging. Ein Besuch der **Klosteranlage** mit dem einmaligen Friedhof am Wasser, der Kirche mit der berühmten **Fischerkanzel**, die den Fischfang von Petrus darstellt, und dem **Handarbeitsmuseum** bleibt als etwas ganz Besonderes in Erinnerung.

Am äußersten Rand der Halbinsel liegt der Johannisberg, der schon den Germanen und Kelten Kraftort war und wo ein Brandopferplatz ergraben wurde. Heute krönt das Johanniskirchlein inmitten eines seltenen Eibenhains seine Anhöhe. All diese Besonderheiten und mehr kann man auf der „Via historica" vom Ortszentrum aus erwandern.

Über die Grenzen hinaus bekannt ist Traunkirchen auch durch seine jährlich stattfindende **Fronleichnamsprozession** auf dem Traunsee.

Urkundliche Erwähnungen deuten darauf hin, dass Traunkirchen bereits ab dem 8. Jh. besiedelt war, obwohl man den Ort nur vom See aus erreichen konnte! Erst 1861 wurde die Straße zwischen Gmunden und Ebensee aus dem Fels geschlagen.

Traunkirchen

Ebensee

Die Arbeit in Forst und Saline haben diesen Ort geprägt. Hier endet die Soleleitung von Hallstatt, hier stehen die Produktionsanlagen von Saline und Solvay. Und hier wird auch auf altes Brauchtum Wert gelegt: „Krambambuli-Brennen" in den Gasthäusern am 26. Dezember, der Brauch des Vogelfangens mit Vogelprämierung zu Katrein, das Kripperlschauen – „Kripperlroas" – zur Weihnachtszeit von Haus zu Haus, der „Glöcklerlauf", der „Fetzenzug" am Faschingmontag und das „Fetzenverbrennen" am Aschermittwoch (Beerdigung des Faschings).

In Ebensee wurde während des Krieges eines der größten Nebenlager des KZ Mauthausen errichtet. Daran erinnert heute die **KZ-Gedenkstätte** (Nähe Steinbruch) und das erste Zeitgeschichte-Museum (in der alten Volksschule hinter der Pfarrkirche). Der Themenweg „Arbeit und Wirtschaft", der beim Rathauspark beginnt, vermittelt auf Schautafeln historische Lebens- und Arbeitsbedingungen (2½ Std.).

42 Seepromenadenweg zum Toscanapark

Ausgangspunkt: Gmunden, Parkplatz bei der Grünberg-Seilbahn

Wanderzeit: ½–¾ Stunde

Rückkehr: Linienschiff (Toscana–Grünberg-Seilbahn)

Einkehrmöglichkeit: Café in der Villa Toscana

Vom Parkplatz beim Gasthaus Steinmaurer wandern wir gemächlich immer den Weg bzw. die Promenade am Ufer entlang. Rund um Schloss Ort ist noch der Pilotenwall zu sehen, der in kriegerischen Zeiten Schutz bieten sollte und in der jüngeren Vergangenheit manchem Paddelbootfahrer ein unfreiwilliges Bad bescherte. Schloss Ort und der Toscanapark (mit Kongresshaus) sind durch ein Sträßchen miteinander verbunden. Der als englischer Garten angelegte Park ist wegen seiner seltenen Bäume und seiner unvergleichlichen Lage einen Spaziergang wert.

43 Gmundner Höhenweg

Ausgangspunkt: Gmunden, Parkplatz bei der Grünberg-Seilbahn

Wanderzeit: 1 Stunde

Einkehrmöglichkeit: Gasthaus Grünbergwirt

Vom Parkplatz wandern wir den Ackerweg und Sonnenhang bis zum anfangs asphaltierten Weg, der den Grünberg quert. An einigen Aussichtsplätzen laden Bänke zum Verweilen ein: im Norden die Giebel von Schloss Cumberland und der Kirchturm von Ohlsdorf, im Westen die Höhen von Gmundnerberg und Grasberg, den Südwesten begrenzt die mächtige Gipfelflucht des Höllengebirges. Vom Gasthaus Grünberg geht es den See entlang zurück zum Ausgangspunkt.

44 Miesweg und Mair Alm

Ausgangspunkt: Gmunden, Parkplatz am Ende der Traunsteinstraße

Wanderzeit: 1 ¼ Stunden

Schwierigkeit: Rundwanderung. Vorsicht mit Kindern!

Einkehrmöglichkeit: Jausenstation Moaristidl

Wir Gmundner gehen diesen Weg oft noch am Abend nach der Arbeit, ist doch der Badestrand auch ein Geheimtipp für einsames Baden.

1. Vom Parkplatz wandern wir das flache Ufer entlang, durch die Tunnels bis zu dem kleinen Felsanstieg gleich nach der Brücke. Hier zweigt der Miesweg ab. Äußerst steil geht es bis zum Seeufer hinunter und dann romantisch über Brücklein und Leitern zum ersten Tunnel zurück.
2. Wir haben aber auch die Möglichkeit, auf der Forststraße gemütlich bis zur Mair Alm und von dort wieder bis zur Miesweg-Abzweigung zurückzuwandern.

45 Traunstein

Schwierigkeit: Der Traunstein (1.691 m) ist ein oft unterschätzter Berg, immer wieder fordert er Todesopfer. Für seine Besteigung sind gute Ausrüstung, Kondition und Bergerfahrung sowie gutes Bergwetter nötig!

Einkehrmöglichkeit: Der Traunstein bildet oben eine Art schräges Hochplateau, auf dem das Alpenvereinshaus und das Naturfreundehaus errichtet wurden. Von beiden Hütten ist es noch ein längeres Stück bis zum Gipfelkreuz! Wohl unvergesslich bleibt eine Nacht in einer der beiden Hütten: Der Tiefblick auf den Lichterkranz um den Traunsee und das Lichtermeer von Gmunden sind wohl einzigartig in den Alpen.

Besonderheit: Im Sommer 1948 beschlossen einige Heimkehrer aus dem 2. Weltkrieg als Dank für ihr Überleben ein Gipfelkreuz auf dem Traunstein zu errichten. Auch mein Vater Hannes Loderbauer war darunter, er organisierte u. a. den Transport des Kreuzes und der Baumaterialien auf den Gipfel. 4.000 Einzelteile mit einem Gesamtgewicht von 1.500 kg, 700 kg Zement, 1.300 kg Sand, Stahlseile und hunderte Wasserflaschen zum Mischen des Betons mussten auf den Berg getragen werden! Am 20. August 1948 wurde das 10 m hohe Traunsteinkreuz mit rund 3.000 Bergsteigern feierlich eingeweiht.

Als „Tor zum Salzkammergut" darf auch der Traunstein nicht unerwähnt bleiben. Er ist das Bindeglied zwischen dem flachen Alpenvorland und dem Alpengebiet. Die Erschließung des Traunsteins begann im Jahre 1877, 1907 wurde die Gmundner Hütte des Österreichischen Alpenvereins errichtet, 1927 das Naturfreundehaus.

3 Möglichkeiten für den gut ausgerüsteten Bergsteiger:

1. Über den **Hernlersteig**: rund 3 Std. Aufstieg, Ausgangspunkt ist das Brünnlein nach dem Gasthaus Hoisn an der Traunsteinstraße.
2. Über den **Naturfreundesteig**: rund 3 Std. Aufstieg, 2001 neu angelegt. Ausgangspunkt: Parkplatz am Ende der Traunsteinstraße, Weg Richtung Mair Alm, Einstieg nach den Tunnels.

3. Über die **Mair Alm**: zwar der längste, dafür der einfachste Aufstieg, wenn auch nicht ungefährlich. Ausgangspunkt wie auf Naturfreundesteig, nur dass man auf der Forststraße bis zum Kaisertisch und von dort auf den Traunstein weiterwandert.

Als Abstieg empfiehlt sich entweder der Steig über die Mair Alm oder der Hernlersteig.

46 Kaltenbach-Wildnis

Ausgangspunkt: Gmunden, Gasthaus Hoisn
Wanderzeit: 1 ½–2 Stunden insgesamt
Schwierigkeit: Rundwanderweg. Vorsicht mit Kindern!

Ausgesprochen romantische Wanderung am See! Hier am Fuße des Traunsteins ist alle erdenkliche Bergromantik auf kleinem Raum vereint.

Vom Gasthaus Hoisn geht es auf schönem Wanderweg vorbei am Adlerhorst (oft sind hier Kletterer zu beobachten) bis zu einer Felsnische mit Bankerl am höchsten Punkt. Hier liegt uns der Traunsee zu Füßen. Wir wandern den Weg südlich weiter und kommen beim Traunsteinaufstieg (Quelle) wieder zum See hinunter. Von da sind es ca. 10 Minuten bis zum Gasthaus Hoisn.

Krottensee

Lebensvolles Naturjuwel, verborgen am Rande einer Stadt

Nördlich von Gmunden liegt eine romantisch üppig-urwüchsig bewachsene Schönheit: der Krottensee. Er blickt auf eine rund 18.000-jährige Geschichte zurück und ist ein so genanntes „Toteisloch" in einer von der würmeiszeitlichen Endmoräne umgürteten Mulde.

In dieser lag ein isolierter Eiskörper, der während der Abschmelzphase des Traungletschers durch die klimatischen Bedingungen für längere Zeit erhalten blieb. Erst als das Resteis abschmolz, bildetet sich ein See. Das neu entstandene Gewässer wurde durch die Vegetation allmählich zu einem Moorsee umgewandelt und verlor zunehmend an Größe. Heute ist nur mehr ein Bruchteil seiner ursprünglichen Fläche erhalten. Der Krottensee war bereits von Verlandung bedroht und wurde nur das tatkräftige Eingreifen von Naturschützern davor bewahrte.

Viele botanische Raritäten machen den kleinen See in Stadtnähe zu einer Kostbarkeit: gelbe Schwertlilien, Fleisch fressende Pflanzen, auf einer Insel – schwer zugänglich – Rhododendren, ein Meer von Seerosen …

Seine Entstehung und Entwicklung seit der Eiszeit sowie seine Flora und Fauna sind auf mehreren Schautafeln ausführlich erklärt und vor allem für Kinder gut aufbereitet!

Lage: Sehr versteckt nordöstlich von Gmunden gelegen

Seepass: 479 m Meereshöhe, 0,9 km^2 groß

Aktivitäten: Im Winter beliebter Treffpunkt für Eisläufer und Eisstockschützen, Naturlehrpfad

47 Rund um den Krottensee

Ausgangspunkt: Gmunden, Krottenseestraße (Richtung Gschwandt, Vinothek Wagner)

Wanderzeit: 35 Minuten

Die Entstehung und Entwicklung des Krottensees ist auf Schautafeln ausführlich erklärt.

Von der Vinothek Wagner die Krottenseestraße hinunter, von dort führt der Weg durch diese kultivierte Moorlandschaft. Der Krottensee umschließt eine Insel, die nur mit „Sumpf-Ausrüstung“ bzw. im Winter mit Eislaufschuhen erreichbar ist. Das Schloss Cumberland im Norden ist heute eine Landespflegeanstalt.

Laudachsee

Verträumter Bergsee in romantischer Alm- und Traunsteinlandschaft

Der Laudachsee ist ein Relikt aus der Eiszeit, als sich der Dachsteingletscher zurückzog und Eisreste in Mulden zurückließ, aus denen sich dann der Hochmoorsee bildete.
Am Ostufer breitet sich der beliebte Schwingrasen aus. Das Südufer formt sich zu einer Halbinsel aus, mit einem Mineralbodenkern, von dem aus sich die Moorvegetation seewärts und randwärts fortsetzte. Den Botaniker bieten sich Gustostückerln wie verschiedenen Orchideenarten, Moorbirken, Mehlprimeln, Soldanellen und eine Pfeifengraswiese. Dort ist aber auch Vorsicht vor Kreuzottern geboten! Der Laudachsee ist von Verlandung bedroht.

Lage: Östlich von Gmunden, eingebettet in eine Hochmoorfläche zwischen Grünberg, Traunstein und Katzenstein

Seepass: Hochmoorsee auf 895 m Seehöhe; 40 m breit, 13 m tief

Einkehr: Ramsaualm (Sommer- und voraussichtlich Winterbetrieb)

Aktivitäten: Im Sommer ist er einer der wärmsten Badeseen des Salzkammergutes, im Winter ein Eldorado für Schlittschuhläufer und Eisstockschützen; organisierte Schlittenfahrten zum Franzl im Holz. Breite Uferspielwiese für Kinder.

Besonderheit: Eine wirkliche Rarität sind die nach einer Krebspest wieder eingesetzten Krebse; blaue und grüne, welche besonders am linken Ausflussufer zu beobachten sind. Natürlich steht das gesamte Gebiet unter strengstem Naturschutz.

48 Vom Grünberg zum Laudachsee

Ausgangspunkt: Gmunden, Bergstation der Grünberg-Seilbahn (vom 1. Mai bis Ende Oktober in Betrieb)

Wanderzeit: 1 Stunde

Einkehrmöglichkeit: Grünbergalm am Grünberggipfel, Ramsau-Alm am Laudachsee

Besonderheit: Wald- und Pilzlehrpfad

Diese abwechslungsreiche Wanderung ist bei Jung und Alt beliebt, artet aber an schönen Sommertagen zu einer wahren Völkerwanderung aus.

Haben wir zuerst auf dem Grünberggipfel den Panoramablick genossen, wandern wir dann auf dem Waldweg, später auf der Forststraße unserem Ziel zu. Informationen auf Tafeln über Wald und Sagenwelt dieser Gegend sorgen für Spannung.

Wussten Sie übrigens, dass wir Schloss Ort im Traunsee und das Gebirgsprofil des Erlakogels einer sagenhaften Begegnung am Laudachsee zu verdanken haben?

Als der Riese Erla einst in einer Vollmondnacht einer blonden Versuchung in Gestalt der Nixe Blondchen begegnete, verliebte er sich rettungslos in das wundersame Geschöpf. Er ließ sich ein Wasserschloss bauen. Das Glück der Liebenden währte freilich nur einen Sommer. Als im Herbst Traunstein und Feuerkogel im ersten Schnee leuchteten, lag das Laudachsee-Nixlein tot im Seeschloss. Der Riese Erla meißelte ihr Profil in den Berg, der seither Erlakogel heißt.

Kleiner, unterirdisch gelegener, geheimnisvoller See

Lage: Am Ostufer des Traunsees im Schoß des Erlakogels, ca. 900 m Seehöhe

Einkehr: Gasthaus Karbachmühle (sehr individuelle Öffnungszeiten)

49 Wanderung zum Röthelsee

Ausgangspunkt: Gmunden, Schiffstation Rathausplatz oder Hoisn. Ausstiegsstelle: Karbach. Fahrplan der Traunsee-Schifffahrt Tel. 07612/66700

Wanderzeit: 45 Minuten ab Karbach, sehr steil. Wegen eines Felsrutsches nicht ungefährlich! Kinder ans Seil.

Ein wirklich extravagantes Ziel! Gutes Schuhwerk und eine Taschenlampe sind die Voraussetzung für diese Wanderung. Seil für Kleinkinder!

Mit einem Linienschiff erreichen wir Karbach, wo noch heute Kalkstein abgebaut wird. Auf einem gut ausgetretenen Weg wenden wir uns nach Süden. Eine kurze Strecke wandern wir parallel zum Traunseeufer, dann geht es links (Abzweigung ist meist nur durch ein Stofffetzchen im Gebüsch zu erkennen) sehr steil bergauf bis zum Höhleneingang. Wir müssen uns beim Aufstieg unbedingt öfters umdrehen: Der Ausblick ist ein wahrer Genuss! Genau gegenüber liegt Traunkirchen, von dieser Seite hat die Traunseelandschaft einen ganz ungewohnten Charakter.

Genau so steil wie es bergauf ging, geht es nun einige Meter einen Schotterhang hinab. Mit einem Mal steht man im See, denn das Wasser ist glasklar, so dass Ufer und Wasserspiegel kaum zu unterscheiden sind und die meisten Besucher dieses einsamen Gewässers ein unfreiwilliges Fußbad nehmen. Je nach Beleuchtung spiegelt sich die Decke der Seehöhle im Wasser wider, kühl und unheimlich.

Früher lag ein kleines Boot am Ufer, das von Höhlenforschern benutzt wurde, um zum hinteren, kleineren See zu gelangen. Heute muss man sein Schlauchboot selbst mitschleppen, wenn man eine unterirdische Seefahrt genießen will.
Besonders bekannt ist der Röthelsee den Einheimischen auch aus der Sage.
Als der Riese Erla sein Nixlein Blondchen heiratete, baute ihm der hier hausende König Röthel mit seinem Zwergenvolk das Seeschloss Ort. Als Blondchen jedoch mit den ersten Schneeflocken verstarb, zog sich König Röthel trauernd mit seinen Zwergen in die Höhlen zurück und verschloss den mächtigen Eingang mit Wasser, dem heutigen Röthelsee.
Wir können ihn nun mit unseren Lampen ausleuchten und in Gedanken der Sagenvergangenheit nachhängen.

50 Traunpromenade–Gasthaus Waldesruh

Ausgangspunkt: Gmunden, Traunbrücke
Wanderzeit: 2½–3 Stunden
Tipp: Rückfahrt mit dem Postbus, Haltestelle am rechten Traunufer, verkehrt stündlich; Alternative: Radfahren (immer im Wald)
Einkehrmöglichkeit: Gasthaus Waldesruh, Tel. 07613/3143 (großer Spielplatz)

Eine romantische Wanderung entlang des linken Traunufers auf der wunderschönen Traunpromenade, vorbei an Dichter Lenaus Morgensitz, am Gelände der Hipp-Fabrik und am Flusskraftwerk, nach dem die Traun wieder in ihrem naturgegebenen Bett fließt.
Zu früheren Zeiten mühten sich auf diesem historischen „Traunreiterweg" die Pferde der Salzflößer, welche die leeren Salzzillen hinauf nach Gmunden zogen, von wo aus sie wieder schwer beladen mit Salz ihre Fahrt in die Welt antraten.

51 Grasberg-Gipfel-wanderung

Ausgangspunkt: Altmünster, von dort zum Gasthaus Reschn auf dem Grasberg

Einkehrmöglichkeit: Gasthaus Reschn, gutbürgerliche Küche

Fast gegenüber dem Reschn-Wirt führt ein Weglein Richtung Traunstein, dem Sie unbekümmert folgen können.
In weiterer Folge ergeben sich Spaziergänge in jeder gewünschten Länge in beeindruckender Umgebung.

52 Johannesberg

Ausgangspunkt: Traunkirchen, großer Parkplatz am See

Wanderzeit: ½ Stunde

Tipp: Kloster Traunkirchen, von dem aus die Christianisierung im Salzkammergut ihren Anfang nahm. Weltberühmte Fischerkanzel in der Pfarrkirche; Kinderspielplatz am Seeufer hinter der Kirche. Besonderer Badeplatz hinter dem großen Parkplatz!

Das den Johannesberg umgebende Eibenwäldchen gehört zu Traunkirchens stillen Attraktionen und steht wegen seiner Einzigartigkeit unter Naturschutz – ein Spaziergang zum letzten Eibenhain Österreichs.
Eiben scheint ein geheimnisvoller Zauber zu umgeben: Die Germanen und Kelten trieben ihre Kulte mit diesen seltsamen Bäumen und fühlten sich durch sie von jeglichem bösen Zauber beschützt. Als heimtückische Verursacher von Krankheit und Tod – Holz, Rinde und die roten Beeren sind giftig – gerieten Eiben später in Verruf und wurden alsbald ausgerottet.
Jener geheimnisumwobene bewaldete Felsvorsprung, auf dem das Johanneskirchlein steht, diente schon den vorchristlichen Kulturen im Salzkammergut als Kult- und Opferstelle. „Odinsberg" hieß der

Johannesberg früher, auf den Germanengott hinweisend. Der Weg zur Kapelle wird heute noch „Odinsweg" genannt.
Gemütliche Spazierwege laden ein zur Besteigung und Umrundung des Johannesberges, bekrönt von der Johanneskapelle. Los geht's vom großen Parkplatz mitten im Ort und dann das Seeufer entlang.

Traunsee vom Sonnstein

53 Traunkirchner Sonnstein

Ausgangspunkt: Traunkirchen, kleiner Parkplatz am Fuße des Sonnsteins
Wanderzeit: 1 ½ Stunden zum Gipfel
Schwierigkeit: Leichte Wanderung, aber Vorsicht mit Kindern!

Der Sonnstein (923 m) liegt am Westufer und ist durch seine beiden Gipfel sofort zu erkennen. Direkt von Seeufer wandern wir hinauf zum waldfreien Gipfel mit dem 4 m hohen Kreuz mit Korpus.
Der Anstieg ist im oberen Teil felsig und steil. Von hier aus sieht man hellgrün den Schwemmkegel der Traun und die Schlammablagerungen, die durch die Solvay-Sodafabrik und die Saline in Ebensee in den Traunsee geleitet werden. Der Blick von der lotrecht in den See stürzenden Gipfelwand ist einzigartig, der gesamte Traunsee liegt uns zu Füßen.

54 Hochsteinalm

Ausgangspunkt: In der Ortschaft Winkl bei Traunkirchen zweigt die 6 km lange Straße westlich ab. Parkmöglichkeit beim ehemaligen Gasthof Burgstein.

Wanderzeit: 1 gute Stunde

Einkehrmöglichkeit: Mostschenke Huber (schöner Ausblick), Hochsteinalm (kinderfreundlicher, kleiner Streichelzoo, uriger Gastgarten)

Eine überaus beliebte Wanderung mit wunderschönen Ausblicken in Almumgebung.

Mit dem Kinderwagen wählen Sie am besten die Forststraße, sonst einen der gut bezeichneten Wanderwege.

55 Wildpark Hochkreut

Ausgangspunkt: Neukirchen bei Altmünster (Verbindungsstraße zwischen Traunsee und Attersee), Feuerwehrdepot oder Parkplatz am Ende der 6 km langen Bergstraße vor dem Wildpark

Wanderzeit: 1 ½ Stunden über den Theresienweg von Neukirchen

Einkehrmöglichkeit: Gaststätte im Wildpark

Im Jahr 1975 öffnete das Ehepaar O'Donell ihren weiträumigen Jagdbesitz der Öffentlichkeit und errichtete in diesem großartigen Gebiet am Hochkreut einen Wildpark (959 m). Der größte Teil der Anlage liegt auf einem Hochplateau mit großartigem Blick zum Höllengebirge, über weite Wälder bis zum Traunstein und Traunsee.

Außer hunderten Wildtieren gibt es einen Vogelstimmen- und Pilzlehrpfad, einen Froschlehrtümpel und ein Museum, alles in natürlicher Umgebung präsentiert. Wer gut zu Fuß ist, wandert vom Feuerwehrdepot Neukirchen auf Wanderwegen, Bauernwegen oder auf der Forststraße dem Reich der Wildtiere entgegen.

56 Feuerkogel im Höllengebirge

Ausgangspunkt: Ebensee, Bergstation der Feuerkogelseilbahn

Einkehrmöglichkeit: Mehrere Gaststätten auf dem Hochplateau (vom 1. November bis 15. Dezember geschlossen)

Tipp: Die schönste Zeit für eine Wanderung im gepflegten Wander- und Schizentrum Feuerkogel (1.592 m) ist entweder zur Zeit der Almrosen- und Enzianblüte im Juni / Juli oder im Herbst, wenn die Täler bereits im Nebel versunken sind und wir die sonnenüberfluteten Höhen genießen können.
Die eindrucksvolle Fernsicht reicht vom Dachstein über den nahen Traunstein weit hinaus über das oberösterreichische Alpenvorland bis zum Böhmerwald.

Wir können wählen zwischen extrem langen Touren (z. B. Höllengebirgsüberquerung), Bergtouren (z. B. Höllkogel, 1862 m) und leichten Wanderungen wie z. B. auf den Alberfeldkogel. Er ist auf breitem Weg in 45 Minuten zu erwandern und bietet uns einen exponierten Gipfel mit einer Aussichtskanzel, deren Tiefblicke einzigartig sind.

Vorderer Langbathsee / Hinterer Langbathsee

Beliebtes Ausflugs- und Badeziel – Naturschutzgebiet!

Schon die 8 km lange Auffahrt durch das Langbathtal ist wunderschön. Da die Ufer des Sees bequem mit dem Auto erreicht werden können, herrscht im Sommer oft erdrückender Badebetrieb.

Lage: 8 km westlich vom Salinenort Ebensee am Traunsee in einer Senke am Fuße des Höllengebirges, 664 m Seehöhe. Der Hintere Langbathsee liegt noch weiter westlich davon in 732 m Seehöhe

Seepass: Vorderer Langbathsee: 664 m Seehöhe, 1,1 km lang, 400 m breit, 33 m tief

Einkehr: Sporthotel Langbathsee

Aktivitäten: Badesee (24 °C)

Fischen: Fischerkarte im Sportgeschäft Steinkogler in Ebensee

Langlaufen: Loipe um den See

Eislaufen und Eisstockschießen, Radfahren

Viele geben sich mit dem Besuch des Vorderen Langbathsees zufrieden und versäumen dadurch den völlig in den Händen der Natur verbliebenen in einem grandiosen Felskessel liegenden kleineren Bruder.
Dort kann man von der Bankreihe („fußfrei“) gleich beim Seeausfluss die beschauliche „Vorstellung“ der Enten- und Fischschulen genießen. Mit scharfen Augen lassen sich die Bergsteiger beobachten, die über den ausgesetzten Schafluckensteig zum Hochleckenhaus „klettern“.
Der Wald reicht oft bis zum Seeufer, lässt aber doch Raum für kleine Badeplätzchen. Wirklich aufregend ist es hier im Spätherbst zur Zeit der Hirschbrunft, wo mancher Wanderer schon das Fürchten gelernt hat.

57 Rund um die Langbathseen

Ausgangspunkt: Sporthotel Langbathsee
Wanderzeit: 2 Stunden;
nur Vorderer Langbathsee: 1 Stunde

Eine der beliebtesten Seerundwanderungen auf breitem Promenadenweg (feste Schotterstraße).
Am Nordufer wandern wir bis zum See-Ende, dort beginnt die Forststraße anzusteigen. Entlang des Nordufers vom Hinteren Langbathsee erreichen wir den westlichsten Punkt unserer Wanderung: Von hier kann man über den Schafluckensteig (nur für Schwindelfreie!) zum Hochleckenhaus steigen. Eine gewaltige Felsszenerie mit riesigen Karen und Wäldern!
In südlicher Richtung sehen wir einen fast baumlosen Hang: Die Stürme des Höllengebirges stürzen hier mit ungeheurer Gewalt in die Tiefe und können innerhalb weniger Sekunden eine ganze Waldfläche entwurzeln!
Uns rechts haltend wandern wir wieder zum Vorderen Langbathsee bis zu einer Gabelung, an der wir uns halblinks (!) halten und weiter sanft talaus zum Ausgangspunkt wandern.

Offensee

Ein attraktiver Badesee mit kristallklarem Wasser

Eingebettet in die Ausläufer des Toten Gebirges ist der Offensee ein lohnendes Ausflugsziel. Seine seichten Schotterufer und schmalen Badewiesen weiten sich im Süden zu einer großen Liegewiese. Auf alten Karten ist zu erkennen, dass sich hier früher ein zweiter See befand. Der Offensee ist Ausgangspunkt für die Wanderung zum Almsee (3–4 Stunden), zum Wildensee und Rinnerkogel sowie auf den Schönberg.

In früheren Zeiten führte eine Kleinbahn bis zum See, auf welcher Holz bis ins Tal befördert wurde. Heute noch können wir parallel zur Straße Viadukte und Trassenführung dieser alten Bahn entdecken.

Der Offensee wird von den am Fuße des Toten Gebirges entspringenden Quellen gespeist, sein Wasser erneuert sich innerhalb eines halben Jahres. Er weist Trinkwasserqualität auf, worauf die Ebenseer auch besonders stolz sind!

Lage: Südöstlich von Ebensee am Nordwestrand des Toten Gebirges

Lage: Ebensee, ca. 3 km Richtung Bad Ischl, von der Abzweigung noch 9 km aufwärts bis zum Offensee

Seepass: 649 m Seehöhe, 1,2 km lang, ca. 1,1 km breit, 38 m tief

Einkehr: Jausenstation „Seeau" (von 1. Mai bis Ende Oktober geöffnet)

Aktivitäten: Badesee (24 °C). Radfahren, Eislaufen und Eisstockschießen, gespurte Langlaufloipen

Besonderheiten: Die Ufer sind ein Spiel- und Badeparadies für Kinder! Handzahme Stockenten!

58 Rund um den Offensee

Ausgangspunkt: Parkplatz am See

Wanderzeit: 1 Stunde

Vom Parkplatz bis zur Jausenstation „Seeau" (die Wirtin nennt die zahmen Stockenten liebevoll ihre „Hennen") sind es nur 20 Minuten, in denen wir an schönen Badeplätzen vorbeikommen. Das reine, seichte Ostufer und der Schotterkegel des Offenseebaches nach der „Seeau" bieten Spielmöglichkeiten für viele Stunden.

Wildensee (siehe nächste Seite)

Wildromantischer Bergsee

Der Wildensee ist eine der Perlen im Seenreigen des Toten Gebirges. Umsäumt von Legföhren, Felsen, sandigen Ufern und kleinen Wiesen, „bewacht" vom 2.012 m hohen Rinnerkogel, ist er ein begehrtes Ziel vieler Bergsteiger. Die Jungfischschwärme (Futter mitnehmen) stören keineswegs beim erfrischenden Bad im Hochsommer.

Lage: Südöstlich von Ebensee im Toten Gebirge, 1.535 m Seehöhe

59 Vom Offensee zum Wildensee

Ausgangspunkt: Parkplatz am Offensee (südlich von Ebensee)

Wanderzeit: 3–4 Stunden bis zum Wildensee

Schwierigkeit: Ganztagswanderung mit Steilanstieg

Einkehrmöglichkeit: Rinnerstüberl, 30 Minuten vor dem Wildensee

Auf atemberaubendem, stufenfreudigem Steilanstieg erreichen wir das gastliche Rinnerstüberl. Nach dem schweißtreibenden Anstieg gibt es jetzt die Belohnung: Der Weg entlang des aus dem Wildensee plätschernden Baches verjagt jede Müdigkeit! Kristallklares Bachwasser, die Alpenblumenpracht ist von seltener Reichhaltigkeit und Schönheit. Nach sanftem Anstieg leuchtet der See, an seinen Ufern liegt der Schnee oft bis in den Sommer hinein. Die schönen Badeplätzchen können meist erst im Spätsommer richtig genützt werden, denn sonst hat der Wildensee „wilde" Temperaturen!

Weitere Wanderungen: Vom Wildensee bis zur Wildensee-Alm 30 Minuten (Selbstversorgerhütte des Alpenvereins, Schlüssel besorgen. Eine Nächtigung mit Kindern oder Freunden garantiert eine unvergessliche Nacht!). Eine Stunde Aufstieg zum Appelhaus.

Wildromantischer, glasklarer Bergsee in hochgebirgigem Talschluss

Diesen See verdanken wir einem der größten späteiszeitlichen Bergstürze der Alpen vom Hochplattenkogel in der Hetzau. Seine Sturzmassen drangen bis zur heutigen Gaststätte Jagersimmerl vor (12 km!) und bildeten dort einen Damm, der die Alm aufstaute.

Heute schließt der See nicht mehr direkt an diese Barriere an, sondern beginnt mit Schwingrasenflächen aus festem Torf etwa bei der Seeklause. Dort staute man schon im 19. Jh. den See für die Fischereiwirtschaft mithilfe einer Schleuse um einen Meter auf.

Der Almsee liegt landschaftlich besonders reizvoll. Forellen, Saiblinge und Brachsen bevölkern ihn wegen des sauberen Kaltwassers in großen Mengen. Jährlich werden bis zu 500 kg Fisch in das Seehaus geliefert. Vor allem das mit Schilf bewachsene Ostufer bietet zahlreichem Wildgeflügel natürliche Nistplätze. Eine große Attraktion sind die Graugänse, welche noch aus der Zeit von Konrad Lorenz stammen. Sie sind sehr zutraulich und bieten oft attraktive Fotomotive. Schwimmende Ringelnattern und Feuersalamander sind ebenfalls am Almsee zu finden. Für den Blumenfreund bietet die Umgebung eine große Pflanzenpalette von Sumpf- bis zu den Hochgebirgspflanzen.

Lage: Südlich von Grünau am Fuß der Randberge des Toten Gebirges

Seepass: 589 m Seehöhe, bis zu 5 m tief, etwa 2.600 m lang und 700 m breit, 980.000 m^2 Wasserfläche; Zahlreiche eiskalte Quellen (daher seine immer äußerst erfrischende Wassertemperatur!) und Wildwasserzuflüsse speisen ihn, so dass sich das Wasser alle zehn Tage erneuert.

Einkehr: Gasthaus Seehaus am Südufer des Almsees – Forellen und Saiblinge fangfrisch aus dem See

Aktivitäten: Im Sommer ein Paradies für Ausflügler und Radfahrer, im Winter Treffpunkt für Eisläufer.

Wildpark Grünau (April–Oktober) und Kinderparadies Schindlbach (Grünau), Reptilienzoo (Schloss Scharnstein)

Besonderheiten: Einzigartig in Österreich ist die so genannte „Schwimmende Insel". Die Schwingrasenflächen im Norden werden häufig vom Wellenschlag unterhöhlt, was als einmalige Besonderheit eine schwimmende Insel entstehen ließ. Sie hat Baumbestand, meterdicke Torfmasse und segelt mit dem Wind.

Bei Niedrigwasser setzt sie sich wieder fest, bei hohem Wasserstand wieder ab.

60 Rund um den Almsee

Ausgangspunkt: Seeklause am Abfluss des Almsees

Wanderzeit: 1 Stunde bis zum Seehaus

Einkehrmöglichkeit: Seehaus (Fischspezialitäten aus dem Almsee)

Besonderheit: Schwimmende Insel, Narzissenwiesen im Almtal

Der Almsee ist zu jeder Jahreszeit ein lohnendes Ausflugsziel. Schon die Anfahrt durch das Almtal ist etwas Besonderes, einzigartig im Frühling, wenn die naturbelassenen Wiesen von Narzissen, Margeriten, Salbei und Glockenblumen nur so strotzen.

Am Westufer führt die Uferstraße zu den Gasthöfen am Südufer des Almsees. Wenn Sie eine Straßenwanderung mit Autoverkehr

nicht stört, finden Sie auch an diesem Ufer zahlreiche landschaftliche Schönheiten.
Völlig ungestört aber ist die Wanderung vom Ausfluss der Alm (Seeklause) weg, entlang des gesamten Ostufers. Am besten ist es, Sie finden ein „Opfer", welches das Auto zum Südufer fährt. (Entgegengehen ist problemlos, Sie können einander nicht verfehlen.) Abgesehen von Wanderkameraden teilen nur Wildenten, Graugänse und anderes Wildgeflügel mit Ihnen die Stille. Der Weg ist gut ausgebaut und doch naturbelassen. Im Frühling sind links und rechts vom Steg, der über den Almfluss führt, jede Menge Fische zu beobachten. Jeder Vogel- und Blumenfreund kommt bei dieser Wanderung voll auf seine Rechnung. An den schönsten Plätzen laden Bänke zur mußevollen Bewunderung der reizvollen Umgebung des Sees, in welchem sich die Gipfel des Toten Gebirges spiegeln.

Weitere Wanderungen: Vom Gasthaus Jagersimmerl zum Seehaus 1 ½ Stunden

61 Glankerlweg

Ausgangspunkt: Grünau im Almtal, Raiffeisenkassa, Kinderspielplatz
Wanderzeit: Gemütliche Halbtagswanderung

Ein reizender Weg – besonders mit Kindern – den Almtaler Bauern mit EU-Förderung errichteten. Er führt immer entlang des Baches, lädt zu einem Besuch am Bauernhof und zu vielen „hautnahen" Naturerlebnissen ein.
Früher gingen die Dienstboten von einem Hof zum anderen und suchten Arbeit, und das hieß „Glankerln". Hier bei den Almtaler Bauern ist das „Glankerln" eine Erlebnisreise, lustig, informativ, abwechslungsreich!
Besonderheit: Im Tourismusbüro oder in der Fleischhauerei Lankmaier-Moser in Grünau ist eine Broschüre mit dem Wegverlauf, Anweisungen und Kopien erhältlich, ohne die man diesen Weg nicht gehen sollte. Sie ist auch unter den Tel. Nr. 07616/8268 anzufordern.

Grosser Ödsee / Kleiner Ödsee

Strengstes Naturschutzgebiet!

Der kleine Ödsee bietet botanische Kostbarkeiten wie Bärlapp, Gelber Fingerhut und Eisenhut, Knabenkraut und Schwarzbeersträucher. Nur sein Südufer ist durch einen Waldweg zugänglich, dort laden flache Schotterufer zum Plantschen, Spielen und Fischefüttern ein.

Lage: Südöstlich von Grünau

Seepass: Großer Ödsee in 695 m Seehöhe, 27 m tief, ca. 500 m lang, mit Forellen und Saiblingen besetzt

Kleiner Ödsee in ca. 690 m Seehöhe, 17 m tief, ca. 300 m lang

Einkehr: Almtaler Haus, 17 km von Grünau (kurvenreiche Auffahrt!), 714 m Seehöhe, Anfang Mai bis Mitte September geöffnet, kinderfreundlich! Idealer Stützpunkt für Wanderungen ins Tote Gebirge (Schermberg, Gr. Priel) und für Familienwochen.

Badesee: Wassertemperatur von den unterirdischen Quellen abhängig. Obwohl der Ödsee ein naturbelassener Bergsee von wilder Schönheit ist, hat er doch im Sommer etliche Naturbadeplätze anzubieten.

62 Rund um die Ödseen

Ausgangspunkt: Almtalerhaus

Wanderzeit: 1 ½ Stunden

Tipp: Heiße Sommer-Sonntage meiden, denn da ist einiges los in der sonst so stillen Hetzau.

Schon die Auffahrt vom Gasthaus Jagersimmerl weg durch das Naturschutzgebiet Hetzau ist ein Erlebnis, viele familienfreundliche Badeplätze entlang des erfrischenden, seichten Wildwassers des Straneggbaches verlocken zum Plantschen, Spielen und Ruhetanken.

In 15 Minuten ist der Kleine Ödsee auf einem Waldweg erreicht. Über prachtvolle Moospolster (Ruhig als Naturbett verwenden, aber nicht als Allerheiligen-Grabschmuck mitnehmen!) wandern wir zum Wegende und wieder zurück zur Abzweigung. Von hier geht es auf dem Schotterweg nach links zum Großen Ödsee weiter.

Am rechten (östlichen) Ufer wandern wir im Wald zu einem Privathaus am Nordende des Sees weiter. Rechts oberhalb ein schöner Wasserfall! Von dort erreichen wir über die Forststraße und dann die asphaltierte Straße aufwärts wieder das Almtalerhaus.

63 Zum Herrentisch

Ausgangspunkt: Almtalerhaus

Wanderzeit: Insgesamt ¾ Stunden

Schwierigkeit: Trittsicherheit ist nötig!

Vom Almtalerhaus wandern wir auf den Fahrwegen Nr. 404 und 405 durch den Wald nach Nordosten. Bei der Teilung wenden wir uns geradeaus und steigen später eine teilweise felsige Flanke in Kehren empor. Dort erwartet uns der „Herrentisch", ein baumfreier Platz mit Bänken in ca. 800 m Höhe. Herrlicher Tiefblick zu den Wäldern der Hetzau mit den beiden Ödseen.

Regionen Gosau / Hallstätter See

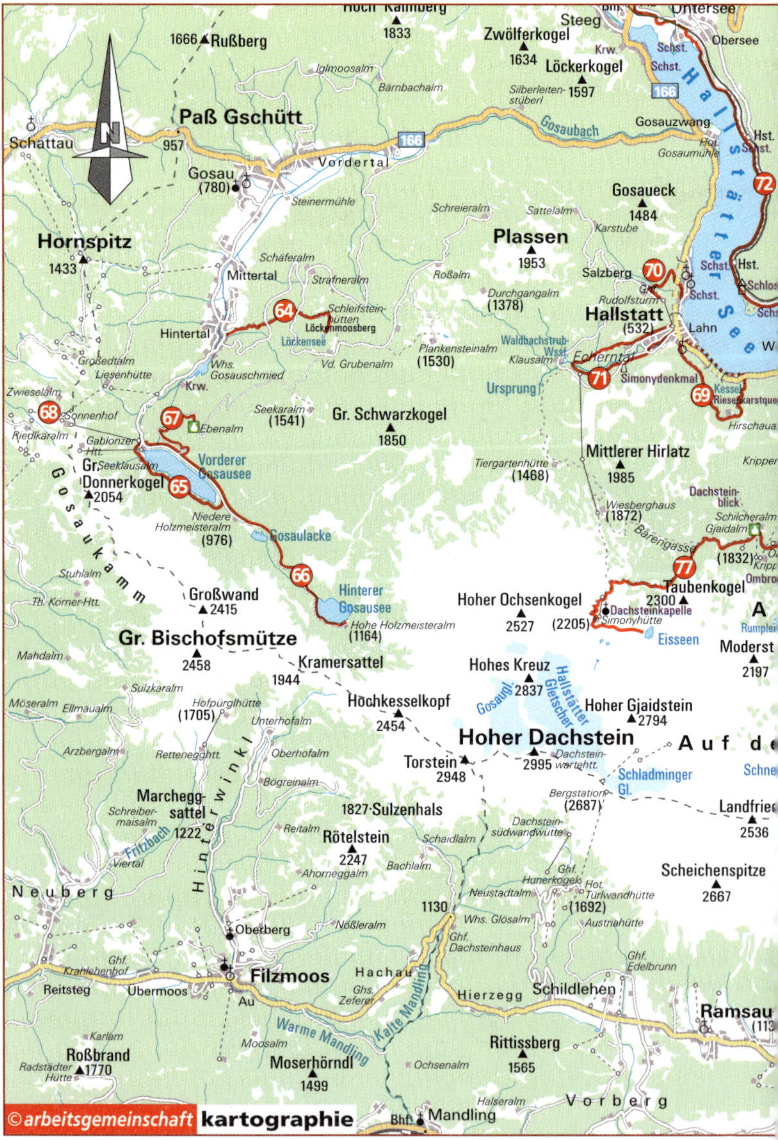

Regionen Dachstein

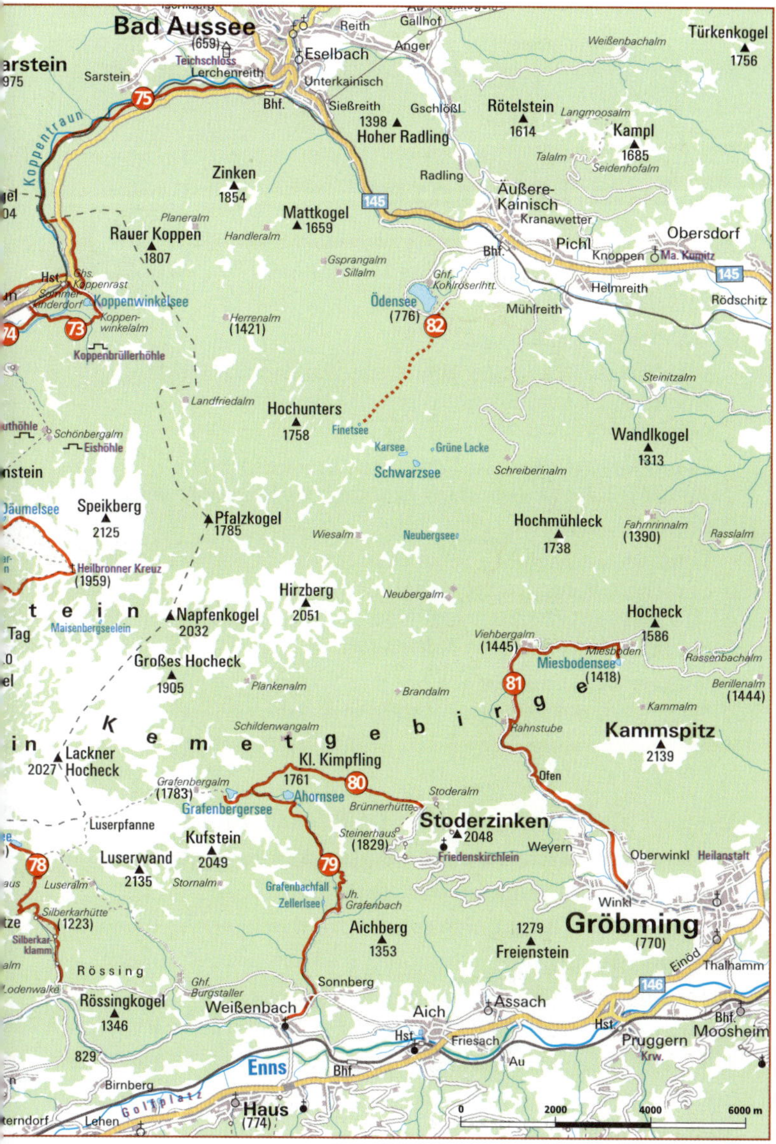

Nachtschwarzer Mini-Moorsee mit überraschend schöner Aussicht

Eigentlich verdient er die Bezeichnung „See" nicht, er ist eher ein tiefes „Latscherl".

Lage: Südlich von Gosau in einem hochaktiven Hochmoorplateau, 1.348 m Seehöhe

64 Zum Löckensee

Ausgangspunkt: Gosau-Hintertal, Gasthaus Gamsjäger

Wanderzeit: 2 Stunden

Schwierigkeit: Leichte, aber steile Wanderung. Die beste Wanderzeit ist im Herbst, wenn der Moorboden schon gefroren ist.

Besonderheit: Gosauer Schleifsteinbrüche (1 Stunde). Sie waren vier Jahrhunderte hindurch wichtigste Erwerbsquelle der Gosauer.

Tipp: Diesen Mini-See sollte man nur bei Schönwetter besuchen. Wegen seiner schattigen Lage eignet er sich auch als Ziel eines sommerlichen Nachmittagsausfluges. Mountainbiken bis zum Hüttendorf.

Weitere Wanderungen: Über den Salzberg nach Hallstatt in 6 Stunden, auf den Plankenstein in 4 Stunden

Original Gosauerisch heißen Legföhren „Leggan". Erst die Hochsprache machte daraus den „Löckensee", was so viel bedeutet wie „See inmitten von Legföhren".

Die Wanderung führt durch schattigen, durchgehend bemoosten Wald und ist durch den einstündigen steilen Anstieg äußerst „wadelintensiv"! Zweimal kreuzen wir die Forststraße, die zu den Schleifsteinbrüchen führt. Beim dritten Mal wenden wir uns nach links, wandern das ehemalige Hüttendorf der Gosauer Schleifsteinarbeiter entlang und nehmen den markierten Weg rechts bis zum Löckenmoos hinauf.

Mit einem Mal liegt dann die latschenbewachsene Hochebene des Löckenmooses vor uns, wir orientieren uns in Richtung Hochstand, die Markierung zu unserem Zielsee finden wir auf den Latschenästen.

Den See sehen wir erst, wenn wir direkt vor ihm stehen: höchstes 15 m lang und so moorschwarz, dass sich sogar die Kondensstreifen der Flugzeuge darin spiegeln. Im Sommer umschwärmt von türkisblauen Libellen, aber durch seine Lage eine wahres Kleinod! Die Gipfelparade rundherum lohnt den Anstieg: vor uns die gesamte Gosaukamm-Kette, der Hochkönig, Postalm, Osterhorn, Gamsfeld, Kalmberg und Plassen.

Wenn wir durch diese ebene Hochmoorlandschaft streifen, finden wir noch viele kleine Moorwassertümpel mit seltenen Moosen, Preisel-, Schwarz- und Moorbeeren.

Beim Abstieg besichtigen wir noch die Schleifsteinbrüche, 5 Minuten vom Hüttendorf entfernt. Kräftige Träger können einen Schleifstein als Andenken mit nach Hause nehmen.

Auf der Plankensteinalm zwischen Gosau und Hallstatt

Vorderer Gosausee – Gosaulacke – Hinterer Gosausee

Seen mit Bilderbuch-Panorama

Die Kombination aus Seen und Hochgebirgslandschaft erfreut Herz und Seele und gehört zu den großartigsten Bergräumen der Alpen – eine Seenlandschaft in Vollendung und begehrtes Ziel von Malern und Fotofreunden.
Der Naturforscher und Weltreisende Alexander Freiherr von Humboldt bezeichnete den Gosausee als das „Auge Gottes", Adalbert Stifter beschreibt die Gosauer Bergwelt in seinem „Bergkristall" und der Maler Ferdinand Georg Waldmüller hat viele landschaftliche Szenen dieser Gegend verewigt.
Am Nordrand des Sees bildete sich beim Rückzug des Dachsteingletschers ein Moränenwall, durch den sich der Gosaubach, der Seeabfluss, einen tiefen Graben schuf.
Um die Wende vom 19. zum 20. Jh. wurde dieser Graben durch einen künstlichen Damm geschlossen und der See auf seine ursprüngliche nacheiszeitliche Höhe aufgestaut.
Seither wird der See energiewirtschaftlich genutzt , was aber extreme Schwankungen des Wasserspiegels verursacht (bis zu 26 m!) Zusätzlich wurden im Gosautal zwei Stauanlagen gebaut – die vor Gosau ist leicht mit einem Fischteich zu verwechseln. Durch

mächtige Rohre schießt von hier das Wasser in das Elektrizitätswerk in Steeg am Hallstättersee hinunter. Dazu wurde 1909 ein 6 km langer Stollen in das Ramsaugebirge getrieben. Damals sah man diesen Bergdurchstich nahezu als Frevel an, und die Einheimischen hatten eine Riesenangst vor dem „Schwarzen Loch" des Stollens. Beim Durchbruch erwartete man nahezu den Weltuntergang!

Lage: Ort Gosau, nördlich vom Dachstein

Seepass: 933 m (bzw. 974 m und 1.154 m) Seehöhe, 69,2 m tief

Einkehr: Gasthaus Gosausee (1. November bis 15. Dezember geschlossen), Seeklausalm und Hintere Seealm (im Sommer geöffnet)

Aktivitäten: Bootsvermietung (im Sommer), Radfahren, im Winter Schiparadies

65 Rund um den Vorderen Gosausee

Ausgangspunkt: Parkplatz beim Vorderen Gosausee

Wanderzeit: 1 ½ Stunden

Entlang des gesamten Nordostufers führt eine Forststraße direkt am steil zum See abfallenden Ufer entlang. In den Wassern spiegelt sich die Gipfelkette des Gosaukammes, deren Spiegelungen je nach Wetterlage oft klarer als die Berge selbst sind. Im Süden leuchtet der Gosaugletscher in seiner ganzen Pracht.

Wir wissen ja, dass wir die Entstehung des Gletschers laut Sage sündig verschwenderischen Sennerinnen „verdanken", die oben auf dem Dachsteinmassiv die damals saftig grünen Almen bewirtschafteten. Sie badeten in rahmiger Milch und verwendeten Käselaibe als Pflastersteine. Als sie aber für einen Bettler nicht einmal ein Stück Brot übrig hatten, wurden sie von diesem verflucht. Ein alles vernichtender Schneesturm überzog die Almen mit ewigem Eis: Der Dachsteingletscher war entstanden.

66 Rund um den Vorderen und Hinteren Gosausee

Ausgangspunkt: Parkplatz beim Vorderen Gosausee
Wanderzeit: 4 Stunden auf breiten Wegen

Eine unvergessliche Wanderung im Banne himmelstürmender Bergketten und ihrer Spiegelungen in den Seen.
Am Nordufer des Vorderen Gosausees wandern wir bis zum See-Ende, an der Gosaulacke vorbei, über den Launigg-Wasserfall zum „Brandsee“. Der Brandsee ist eine Senke, die bei Regenwetter oder Schneeschmelze mit Wasser gefüllt ist.
Seinen Namen leiten die Gosauer von folgender „wahren Begebenheit“ ab: *Der Brandwirt von Gosau sollte einige seiner Gäste zum Hinteren Gosausee führen. Eine durchzechte Nacht ließ aber seine Kräfte derart schwinden, dass er an dieser Stelle nicht mehr weiter konnte und die Lacke neben dem Weg kurzerhand als „Hinteren Gosausee“ bezeichnete, was ihr prompt den Namen „Brandsee“ einbrachte.*
Über ein Steilstück geht es weiter zum **Hinteren Gosausee.** Sein Wasserspiegel variiert je nach Schneeschmelze und Regenperioden!
Die Schuttströme auf dem Weg zur Holzmeisteralm zeugen von den Naturgewalten, die in diesen Bergeshöhen oft frei werden. Die wenigen Bäume erhielten ihre eigenartig gebogene Gestalt von den Lawinen, die alljährlich über sie hinweggleiten.
Wer abgeschiedene und naturbelassene Urlandschaft liebt, der findet sie bei der **Gosaulacke**, die nur in den wasserreichen Jahreszeiten gefüllt ist. Selbst in trockenem Zustand ist sie jedoch interessant mit ihrem Hintergrund wie aus dem Bilderbuch, dem Dachstein mit seinen Nebengipfeln und dem Gosaugletscher.
Auf dem Süduferweg wandern wir am Vorderen Gosausee zurück und schauen dabei immer wieder zum Dachstein, der im Spiel von Sonne und Wolken jede Stunde in einem anderen Licht erstrahlt.

67 Goiserer Ebenalm

Ausgangspunkt: Parkplatz beim Vorderen Gosausee
Wanderzeit: Insgesamt 1 ½–2 Stunden

Eine eher selten begangene, aber schöne Wanderung auf Forststraßen bzw. gut bezeichneten Wegen mit einem beeindruckenden Blick von der Ebenalm auf das Türmelabyrinth des Gosaukammes.
Auf der viel begangenen Straße am Nordufer des Gosausees wandern wir bis zur Linksabzweigung einer Forststraße, dann die Straße durch den Wald bis zur Rechtsabzweigung (Weg Nr. 607, ca. 20 Minuten). Steil aufwärts geht es zu einer bewaldeten Bergschulter und von dort zur entzückenden Ebenalm.

68 Mit der Gosaukammbahn auf die Zwieselalm

Ausgangspunkt: Parkplatz beim Vorderen Gosausee, Auffahrt mit der Gosaukammbahn
Einkehrmöglichkeit: Vier urig-romantische Berghütten im Bereich der Zwieselalm

Intakte Alpenflora mit seltenen Bergpflanzen. Ein mit landschaftlicher Schönheit gesegnetes Gebiet im Banne des Dachsteins und der bizarren Türme des Gosaukammes.
Wanderer und Bergsteiger finden in diesem Almgebiet jede Variante: Für Bergsteiger bietet sich der **Donnerkogel** als Ziel an, für Wanderer ein weites Wandernetz mit Almhütten und Sonnenplätzchen.
In einer halben Stunde erwandern wir die **Zwieselalmhöhe**. Weit draußen im Süden reiht sich die Dreitausender-Szenerie der Hohen Tauern mit Großglockner, Wiesbachhorn und Großvenediger, greifbar nah das Dachsteinmassiv und zu unseren Füßen der tiefblaue Gosausee.

Hallstätter See

Dunkler See mit magisch-kraftvoller Ausstrahlung

Romantisch, kraftvoll, kultur- und geschichtsträchtig, weltberühmt ist er, der fünftgrößte See des Salzkammergutes.
Fjordartig liegt die Seewanne eingebettet zwischen den Steilhängen aus Dachsteinkalk. Sie verdankt ihre Entstehung dem Schurf des mächtigen Dachsteingletschers. Im nördlichen Drittel wird sie durch den Schuttkegel des Gosaubaches aus dem Gosausee bis auf 400 m eingeschnürt und so in zwei Becken geteilt.
Der größte Zufluss ist die Traun, die auf dem Weg bis hierher schon fünf Seen durcheilt hat: den Kammer-, Toplitz-, Grundl-, Altausseer- und Ödensee. Sie bringt etwa 53 % der Gesamtwasserfracht, der Rest kommt von drei anderen Bächen und zahlreichen Quellen – auch vom Dachstein. Das Schmelzwasser des Dachsteingletschers benötigt auf seiner unterirdischen „Talfahrt" 5 bis 6 Stunden. Der See erneuert sich damit zwei Mal jährlich.
Den Abfluss des Sees bildet wieder die Traun, die ihn bei Steeg verlässt.
In Steeg wurde 1511 eine Klause errichtet, mit der man den Wasserstand der Traun um 35 bis 45 cm erhöhen konnte. Dadurch

wurde die Salzschifffahrt auf der Traun ermöglicht. Mit dem ersten Wasserschwall wurden die Salzzillen flussabwärts geschwemmt und mit ihnen die tollkühnen Flößer. Diese mussten Nichtschwimmer sein, denn dann wusste man, dass sie die Schiffe und ihre kostbare Fracht nicht im Stich lassen würden. 11 Klaustore regulieren noch heute den Wasserstand des Hallstätter Sees. Das Wasser des Gosausees treibt die Turbinen im Wasserkraftwerk Steeg am Hallstätter See (Siehe S. 103).

Die Gosauer und die Hallstätter nahmen und nehmen sich immer wieder gegenseitig als Ziel von Sticheleien. So erzählen die Hallstätter von einem Gosauer, der zu ihnen herausging, um sich bei einem Spengler ein Ofentürl machen zu lassen. Um die richtige Größe zu haben, nahm er zu Hause mit den Händen Maß und ging, die Hände genau in diesem Abstand haltend, Richtung Hallstätter See. Als er diesen sah, entfuhr ihm ein Freudenschrei, so schön fand er ihn. In seiner Begeisterung breitete er, ohne es zu bemerken, die Hände weit aus. Daheim passte das Ofentürl natürlich nicht …

Wenn im Spätherbst die abfallenden Nadeln der Lärchen vom Sturm in den See gefegt und durch die Wellen ans Ufer getrieben werden, formen sie sich durch die Wasserbewegung zu Bällen, die bis zu 30 cm Durchmesser erreichen. Diese „**Lärchennadelbälle**" wurden außer im Hallstätter See auch im Offensee gefunden.

Zwischen Hallstatt und Obertraun finden wir direkt an der Straße zwei äußerst seltene, periodisch aktive **Riesenkarstquellen**, den so genannten „Hirschbrunn" (bei der Tunnelausfahrt der Weg scharf links) und den „Kessel". (Gegenüber vom Freibad Hallstatt zwischen Hallstatt und Obertraun führt der Weg in 5 Minuten zu diesem Riesenkessel, in welchem vor wenigen Jahren zwei junge Taucher tödlich verunglückten.)

Diese Riesenkessel, die zu Trockenzeiten ganz trocken oder nur mit wenig Wasser gefüllt sind, speist das Schmelz- und Niederschlagswasser des 840 km^2 großen Dachsteinblocks. Wenn gewisse Wetterumstände wie lang anhaltende Regenfälle und die Schneeschmelze im Frühjahr aufeinander treffen, dann drängen ungeheure Wassermassen aus den unterirdischen Schluchten des Dachsteinmassivs und strömen auch beim „Hirschbrunn" aus seiner tiefen Höhle, um sich in den Hallstättersee zu ergießen.

Wenn es früher hieß „Der Hirschbrunn geht", so war dies ein Schreckensruf, der sich bis nach Gmunden verbreitete. Denn wenn diese Riesenquelle aktiv war, bedeutete das in der Folge immer Hochwassergefahr für alle Traunanrainer.

Seepass: 508 m Meereshöhe; 8,58 km^2 Seefläche, 125 m tief, 8 km lang, bis zu 1 ½ km breit

Aktivitäten: Eine Reihe von kostenlosen Bademöglichkeiten steht zwischen Hallstatt und Obertraun und entlang des Ostuferwanderweges zur Verfügung. In Obertraun gibt es ein öffentliches Strandbad, im Ortsteil Winkl und neben dem Strandbad Untersee ein FKK-Gelände.

Tauchen: Tauchschule Zauner (Tel. 06134/8286)

Schifahren: Am Krippenstein

Paragleiten und Drachenfliegen bzw. Hängegleiten vom Krippenstein, Raften (Tourismusbüro, Tel. 06134/8208)

Sportangeln: Hechte, Forellen ...

Kinderspielplätze: In Obertraun beim Hotel „Haus am See", daneben befindet sich der Bootsverleih

Minigolf: In Hallstatt bei der Badeinsel

Auf der 42 m langen Hängebrücke des Hallstätter-See-Ostuferwanderweges, siehe Wanderung Nr. 72

Hallstatt

Dicht drängen sich Hallstatts Häuser aneinander und übereinander, eng und steil schlängeln sich die Gässchen durch den Ort. Und sogar die Toten mussten im Beinhaus auf engstem Raum zusammenrücken: Platz ist kostbar in Hallstatt.

Tipp: Verzichten Sie einmal auf das Auto und besuchen Sie den außergewöhnlichsten Ort des Salzkammergutes mit Zug und Schiff. Zu jedem Zug, der in der Bahnstation Hallstatt eintrifft, fährt ein Schiff über den See zum Ort.

Rund um den Hallstätter See gibt es zahllose wunderschöne Wanderziele, jedes vereint immer mehrere Superlative wie z. B. prachtvolle Natur gekoppelt mit kulturellen Höhepunkten oder uralten Naturphänomenen. Nehmen Sie für Besuche an diesem See viel Zeit mit und erleben Sie Hallstatt mit allen Sinnen.

Kennt man den Ort Hallstatt noch gar nicht, so parkt man am Parkplatz beim Tunnel, besichtigt Kirche, Beinhaus und wandert die Seeuferstraße entlang bis zur Holzfachschule.

Der Dr.-Morton-Weg (kurz nach dem Schranken links hinauf) führt uns durch enge Gässchen und uralte Häuser wieder zurück zum Ausgangspunkt.

Hat man mehr Zeit, so kann ich die Wanderung zur Hirschaualm (Wanderung 69) empfehlen: landschaftliche Schönheit gepaart mit dem Naturphänomen „Hirschbrunn". Ein Besuch im Salzberg Hallstatt – wahrscheinlich eine der ältesten Industrieanlagen der Welt – ist selbstverständlich. Hier verbinden wir Geschichte mit Kultur und einer unvergesslichen Klammwanderung (siehe Wanderung 70, Salzberg–durch die Klamm–Beinhaus). Naturgenuss, Kunst und Naturphänomene finden wir auf der Wanderung 71, Echerntal.

Hallstatt schaut auf eine über 4.500 Jahre alte Geschichte zurück, untrennbar verbunden mit dem „Weißen Gold", dem sowohl der Ort – Hallstatt ist die Stätte, an der Salz = Hall abgebaut wurde – als auch eine ganze Epoche, nämlich die „Hallstattzeit", ihren Namen verdanken.

Die Wurzeln Hallstatts liegen im Salz, hier besuchen wir das älteste **Salzbergwerk** der Welt, das berühmte **Gräberfeld** und wandern vielleicht auf der Soleleitung – der ältesten Pipeline der Welt (mit dem Bau wurde 1585 begonnen) – in Richtung Ebensee. Eine Zeit-

Blick ins Echerntal

reise von den Anfängen Hallstatts bis in die Gegenwart erleben wir im **Museum Kulturerbe Hallstatt**, archäologische Ausgrabungen aus der Kelten- und Römerzeit finden wir unter dem Sportgeschäft Janu im Ortszentrum. Wunderschön gelegen die **katholische Kirche**, 1505 erbaut, nur über eine überdachte steile Stiege erreichbar, mit spätgotischen Flügelaltären und dem mystischen **Beinhaus** gleich dahinter. Noch heute gibt es einen Totengräber in Hallstatt, der die Totenköpfe auf dem Holzvorsprung am Mesnerhäuschen im Sonnen- und Mondlicht bleicht und dann mit den vorgeschriebenen Ornamenten bemalt.

Hallstatt hat auch seine eigene unverwechselbare **Keramik**. Bekannt ist auch die **Fronleichnamsprozession** auf dem See, die schon seit über 370 Jahren durchgeführt wird.

Die Einzigartigkeit dieses Gebietes ersieht man auch daraus, dass die Region „Hallstatt–Dachstein / Salzkammergut" 1997 zum **„Weltkultur- und Naturerbe"** erklärt und damit in die exklusive Liste der absolut schützenswerten Gebiete der ganzen Welt aufgenommen wurde.

Weltkulturerbe-Karte: Ermäßigung für Salzbergwerk, Höhlen im Dachsteingebiet, Seilbahn- und Eisenbahnfahrten, Kulturangebote, Informationen im Tourismusbüro Hallstatt, Tel. 06134/8208.

Obertraun

Nicht nur mit dem Hallstätter See, auch mit einer gemeinsamen Geschichte ist Hallstatt mit dem Nachbarort Obertraun verbunden. Lange im Schatten der Muttergemeinde Hallstatt, zu der Obertraun bis zum Jahr 1919 gehörte, ist der Seeort heute vor allem bekannt als Ausgangspunkt in die unterirdische Märchenwelt der **Dachsteinhöhlen** (Eishöhle und Mammuthöhle auf dem Krippenstein, Koppenbrüllerhöhle) und zu den mit der Seilbahn erreichbaren Dachsteinzielen.

Obertraun ist ein lang gezogenes Dorf und liegt eingezwängt zwischen den Bergen des Dachsteins und dem Sarstein. Fährt man von hier die Koppenpaßstraße ins steirische Bad Aussee hinüber, so sieht man links und rechts von der Straße, bevor es den Koppenpaß hinaufgeht, noch typische Salzkammerguthäuser – wie aus dem Bilderbuch.

69 Hirschaualm

Ausgangspunkt: Parkplatz beim Freibad Hallstatt. (Wegen der Parkplatzknappheit im Ort ist es günstiger, beim Freibad 2 km südlich von Hallstatt zu parken.)

Wanderzeit: Rundgang von etwa 2 Stunden

Besonderheit: Riesenkarstquellen (siehe Seite 107)

Gehen wir zuerst einige Minuten bergwärts, kommen wir zur Riesenkarstquelle „Kessel", aus der in Regenperioden oder bei starker Schneeschmelze die Wasser mit Urgewalt stürzen. Auf schottrigem Weg geht es steil zur Hirschaualm (840 m), halbmondförmig umrahmt von wuchtigen Felswänden.

Der Höhenweg erlaubt schöne Tiefblicke auf den Ort Hallstatt, auf den Hallstätter See und hinüber zum Hohen Sarstein.

Beim Kalvarienberg (gutes Fotomotiv!) steigen wir nach Hallstatt hinunter und wandern auf der Straße bis zur Tunnelausfahrt. Dort finden wir den berühmt-berüchtigten „Hirschbrunn".

Im Hochsommer gibt es einen Taxidienst von Hallstatt zum Freibad.

70 Salzberg–durch die Klamm–Beinhaus

Ausgangspunkt: Talstation der Standseilbahn auf den Salzberg

Wanderzeit: 2 Stunden

Einkehrmöglichkeit: Gasthaus Rudolfsturm auf dem Salzberg

Besonderheit: Gräberfeld (Ausgrabungen aus der Zeit der Kelten und Römer), unvergesslich schöner Abstieg durch die Klamm (Vorsicht mit Kindern, nicht bei regennassem Gestein gehen!), Bannwald vor Hallstatt

Führung im Bergwerk durch einen Bergmann und den geheimnisvollen Grubenhunt – ca. 1 Stunde.

Kaum eine andere Wanderung führt über so geschichtsträchtigen Boden wie diese! Prähistorische Kultur und einzigartige Urschönheit verbinden sich auf diesem Weg zu einer unvergesslichen Einheit.

Mit der Standseilbahn fahren wir auf den Salzberg (bei der Auffahrt unbedingt nach unten blicken!), wandern durch das Gräberfeld zum Bergwerk und auf dem breiteren Weg zum Aussichtsgasthaus Rudolfsturm zurück.

Bei trockenem Wetter steigen wir die vielen hölzernen Stufen in die Klamm hinab. Holzrohre, in denen zur Zeit Maria Theresias die Sole zu Tale befördert wurde, säumen den Waldweg, der durch den Hallstätter Bannwald führt. Er wurde in den letzten Jahren mit über 30.000 Jungbäumen aufgeforstet.

Wir wandern nun auf dem Soleleitungsweg, unter dem die gesättigte Salzlösung bis zur Saline in Ebensee fließt. Unser Weg mündet direkt in den engen Hallstätter Friedhof. Aus Platzmangel wurden früher die Toten nach kurzer Zeit ausgegraben und ihre Knochen im Beinhaus gesammelt.

71 Echerntal–Waldbachstrub–Gletschergarten–Malerweg

Ausgangspunkt: Hallstatt, Ortsteil „In der Lahn"; schwierige Parkplatzsituation in der Hauptsaison

Wanderzeit: 3 Stunden

Besonderheit: Schleierfall, tosender Waldbachstrub-Wasserfall, Gletschermühlen im Gletschergarten

Tipp: 1. „Wandermüde" können in der Nebensaison mit dem PKW bis zum Lacknerwirt am Ende des Echerntales fahren.

2. Schwindelfreie und trittsichere Wanderer können vom Waldbachstrub über einen atemberaubenden Steig, den Gangsteig, bis zur Forststraße steigen und über den Gletschergarten zum Malerweg hinabwandern. Dieser Gangsteig wurde von bergbegeisterten Hallstättern in die fast lotrechte Wand vor dem Wasserfall gebaut. Die 396 Stufen wurden damals noch mit Hammer und Meißel in den Fels geschlagen.

Auf dem Malerweg wandeln wir auf den Spuren vieler Künstler wie Ferdinand Waldmüller und Adalbert Stifter, der sich hier zu seinen Werken „Der Nachsommer" und „Bergkristall" inspirieren ließ.

Am Waldbach

Von Lahn aus wandern wir rechts vom Waldbach (Salzbergseite) durchs liebliche Echerntal (linkes Bachufer). „Vom Himmel hoch" stäubt der Schleierfall seine Wasser über die lotrechte Felswand. Unvergesslich dann die weiße Gischt des Waldbachstrub-Wasserfalls: Er scheint aus unerschöpflichen Quellen vom Himmel zu stürzen! Ein Stück wandern wir auf demselben Weg zurück, nehmen dann aber den Malerweg mit seinen lauschigen Plätzchen auf der anderen Bachseite. Von dort aus können wir in ca. 15-minütigem Anstieg die Gletschermühlen im Gletschergarten bestaunen. (Kinder an der Hand halten!)

„Gletschermühlen" sind Phänomene, die auf die Eiszeit zurückgehen. Die Schmelzwasser des Gletschers stürzten in das Spaltensystem des Eispanzers bis auf den Felsengrund hinab. Traf das Wasser auf den Fels, bildeten sich oft kräftige Strudel, in denen die mitgerissenen Gesteinsbruchstücke meist über längere Zeiträume rotierten. Mit der Zeit schliffen sie große Löcher in den Boden, besonders gut hier in Hallstatt zu sehen.
Gesäumt von vielen Blumen und von Beerensträuchern schlängelt sich der Malerweg bis zum Lacknerwirt („Dachsteinwarte"), von wo aus wir wieder zu unserem Ausgangspunkt zurückwandern.

72 Hallstätter-See-Ostufer-Wanderweg

Ausgangspunkt: Obersee am Nordostende des Hallstätter Sees

Wanderzeit: Halbtagswanderung

Rückkehr: Rückfahrt vom Bahnhof Hallstatt oder Obertraun mit dem Zug. Achtung, nicht alle Züge halten in Obersee!

Tipp: Wer diese Seeuferwanderung noch mit etwas Kultur verbinden möchte, dem können wir folgende Variante anbieten:

Bahnstation Steeg–Ostuferwanderweg bis Bahnstation Hallstatt–mit dem Schiff nach Hallstatt hinüber–von der katholischen Kirche / Beinhaus hinauf zum Soleweg–auf dem uralten Soleweg über den Gosauzwang (43 m hohe Brücke über das Gosautal) zurück nach Steeg.

Einkehrmöglichkeit: Gasthaus Tuscher (ab Mai geöffnet)

Eine der reizvollsten Wanderungen auf breitem Wanderweg, über Holzstege und eine abenteuerlich schwingende Hängebrücke.

Botanische Raritäten und die Blicke zum eng an den Felsen geschmiegten Hallstatt verschönern diese Wanderung, die uns immer zwischen Seeufer und Bahn entlangführt. An heißen Sommertagen bieten sich auch Bademöglichkeiten. Wer einen Abstecher nach Hallstatt machen möchte, kann dies vom Bahnhof Hallstatt aus mit dem Schiff tun.

Eigentümliche Steppenseecharakteristik mit romantischem Westufer

Der Koppenwinkelsee liegt im Talschluss von Obertraun und ist von den nördlichen Dachsteinausläufern und steilen Hochwäldern umgeben. Sein Ufergürtel steht unter strengem Naturschutz. Je nach Jahreszeit zeugt eine Fülle von Schneerosen, Seidelbast und Schwarzbeersträuchern von der naturbelassenen Schönheit dieser Gegend. Die besten Badeplätze finden sich nach dem mächtigen Felssturz. Dort ist mit einer Reihe von Bänken für Bequemlichkeit gesorgt.

Lage: Östlich von Obertraun am Hallstätter See

Seepass: 536 m Seehöhe, bis zu 200 m breit, ca. ½ m tief

Einkehr: Gasthaus Koppenrast

Aktivitäten: Koppenbrüller Höhle, Dachstein-Eishöhle, Mammuthöhle (Höhlentrekking Tel. 06134/8400), Radfahrergelände

73 Rund um den Koppenwinkelsee

Ausgangspunkt: Gasthaus Koppenrast bei der Bahnstation Obertraun-Koppenbrüllerhöhle – exquisit und preiswert!

Wanderzeit: 1 gemütliche Stunde

Vom Gasthaus Koppenrast wandern wir ein kurzes Stück Richtung Koppenpass, biegen dann nach rechts ab zum See, vorbei am Sommerkinderdorf der OÖ. Kinderfreunde. Bei der längst nicht mehr bewirtschafteten Koppenwinkelalm bietet sich eine große Bankerlgruppe zum Rasten an. Im Kontrast zu den himmelstürmenden Felswänden liegen die Wiesen flach und blumenübersät zwischen den Wäldern, die sie umgeben. Wir halten uns zuerst an Wanderweg Nr. 2, überqueren bei der ersten Brücke die mit mächtiger Strömung dahinfließende Traun. In diesem äußersten Winkel von Obertraun präsentiert sich dieser Ort dem, der ein Auge dafür hat, als ursprünglich und liebenswert. Auf Wanderweg Nr. 6 wandern wir parallel zur Bahnstrecke bis zu unserem Parkplatz.

74 Von Obertraun zum Koppenwinkelsee

Ausgangspunkt: Gasthaus Dachsteinhof (nördlich der Bundessportschule)

Wanderzeit: Insgesamt gut 1 ½ Stunden

Schwierigkeit: Eine sanfte Wanderung in stiller Wald-, Seen- und Aulandschaft

Auf gut markiertem Weg (Wanderweg Nr. 2) wandern wir auf dem linken Traunufer zum Koppenwinkelsee, von dort zum Gasthaus Koppenrast, überqueren die Traun, biegen bei der Bahnstation links ein und kehren auf sehr gut gepflegten Wegen wieder zu unserem Ausgangspunkt zurück (Wanderweg Nr. 6).

75 Durchs wildromantische Koppental

Ausgangspunkt: Bahnhof Bad Aussee oder Obertraun-Koppenbrüllerhöhle, mit der Bahn zum Ausgangspunkt zurück

Wanderzeit: 3 Stunden + Zeit für die Höhle.

Einkehrmöglichkeit: Jst. Koppental / Wegmitte

Besonderheit: Mehrere beschilderte Erlebnisstationen und besondere Attraktionen wie Hängebrücke, gewaltige Lawinenrinnen, das alte Eisenbahntunnel und die Koppenbrüllerhöhle machen die Wanderung auch für Kinder spannend.

Zwischen Bad Aussee und der Koppenbrüllerhöhle bei Obertraun führt ein noch sehr junger, ca. 10 km langer Wanderweg durchs enge Koppental.

Die vier Quellflüsschen der Traun haben sich in Bad Aussee zur Koppentraun vereint und eine tiefe Rinne ins Koppental gefressen. Hier finden auf engstem Raum Wanderweg, Fluss und Zug (Verbindung Attnang-Puchheim–Bad Aussee) Platz.

Als man damals die Bahn baute, war es gar nicht so einfach, eine sichere Linienführung zu finden. Immer wieder wurden hier die Schienen von den vom Sarstein donnernden Lawinen verschüttet. Man beschloss schon nach kurzer Zeit, die Bahntrasse viel weiter hinauf zu verlegen. Nur mehr der alte Tunnel, den wir durchwandern, erinnert an den ersten Schienenverlauf.

Weitere Wanderungen: Die **Koppenbrüllerhöhle**, eine aktive Wasserhöhle mit unterirdischen Wasserfällen, Seen und Tropfsteingalerien, ist vom Gasthaus Koppenrast in 15 Minuten zu erreichen. Der Weg führt parallel zur Traun höhenwärts. Kurz vor dem Höhleneingang sehen wir auf der rechten Seite die geschliffenen Einschlüsse von über 200 Millionen Jahre alten Kuhtrittmuscheln.

Öffnungszeiten: 1. Mai–30. September, 10–16 Uhr. Es empfiehlt sich, telefonisch die Öffnungszeiten zu erfragen, da die Höhle bei andauernden Regenfällen geschlossen werden muss. Dauer der Führung: 1 Stunde.

Region Dachstein

Wenn wir an den in saftig grünem Überfluss liegenden Talseen ausreichend gewandert sind, können wir uns den Seen im karstigen Hochgebirgsplateau des Dachstein-Massivs zuwenden.
Schnell bringt uns die Seilbahn auf den **Krippenstein** und damit in eine andere Welt: Eine fahle Mondlandschaft aus Kalkstein breitet sich vor uns aus, scharffirstig, mit trichterförmigen Dolinen durchsetzt. Eine scheinbar tote Kalksteinwüste, die jedoch nach der Schneeschmelze zu Leben erwacht: Jedes Humusfleckchen beherbergt Hochalpenpflanzen, so genügsam wie farbenprächtig.
Wie alle Kalkgebirge entstand die Dachsteinhochfläche mit dem viel sagenden Namen „Auf dem Stein" aus den Überresten von Milliarden Meereslebewesen, die sich vor rund 180 Millionen Jahren hier in einem Meer tummelten.
Versteinerte Muscheln und Schnecken finden wir heute noch auf manchen Kalkplatten. Durch die Einwirkung von kohlesäurehältigem Regen- und Schmelzwasser entstanden im Laufe von Millionen Jahren die scharfkantigen Auswaschungen, Rillen, Trichter und Höhlen, welche für die Karstlandschaft typisch sind.
Sehr bemerkenswert ist der Rückgang des Gletschereises. Vor 10.000 Jahren reichten die Eismassen des Dachsteingletschers bis ins Tal (Echerntal bei Hallstatt). Inzwischen haben sie sich bis weit oberhalb der Eisseen zurückgezogen. Jährlich schmilzt das Eis einige Meter!

Auch die Luftverschmutzung setzt dem Gletscher stark zu. Ab etwa Mitte August ist er bis auf seinen Vorjahreseisstand abgeschmolzen und präsentiert sich in rußigem Grau-Schwarz, was die Eisschmelze natürlich noch beschleunigt.
Zu einem Erlebnis wird die Suche nach den Seen in dieser Hochgebirgsregion auf jeden Fall! Eine Übernachtung auf einer der Schutzhütten (Schilcherhaus und Wiesberghaus sind mit der Seilbahn zu erreichen, Simonyhütte per pedes) aber weitet unseren Blick für die Stille und Größe unserer Bergwelt. Außerdem hat man dann auch genügend Zeit für die Dachsteineishöhlen und die Mammuthöhle. (Seilbahnstation Schönbergalm, Führungen täglich zwischen 1. Mai und 26. Oktober.)
Eine Selbstverständlichkeit ist die entsprechende Ausrüstung für diese Hochgebirgsregion: feste Wanderschuhe, warme wind- und regendichte Kleidung, Proviant und ausreichend Getränke. Schönwetter ist Voraussetzung.

Däumelsee

Wildromantischer, winziger Bergsee in einem Mini-Krater auf 2.074 m Höhe

Eingebettet in einer Art Krater liegt dieser relativ tiefe See auf dem Weg zum Heilbronnerkreuz plötzlich vor uns. Schwarze Schwimmkäfer und Molche beleben ihn, unzählige blaue Glockenblumen blitzen im Hochsommer wie Augensterne aus dem wenigen Grün des hochalpinen Karsts. Wir haben ihn durchschwommen und waren durch das prickelnde Wasser erfrischt für den Marsch zu den Hirzkarseelein.

Lage: 30 Minuten vom Berghotel Krippenstein am Dachsteinmassiv, 2. Station der Dachsteinbahn

Aktivitäten: Von der ersten Dachstein-Seilbahnstation Schönbergalm lohnender Besuch der Dachstein-Rieseneishöhle und der Mammuthöhle

Tandemparagleiten vom Hohen Krippenstein (Tel. 06135/6449)

Hirzkarseelein

Moorige Kleinode im Hochgebirgsplateau

Lage: Südlich vom Hohen Krippenstein im Dachsteinmassiv (ca. 30 Minuten von der 3. Station der Dachstein-Seilbahn)

Die Hirzkarseelein geben ein lebendiges Zeugnis vom Verschwinden der Salzkammergutseen, sie sind teilweise schon verlandet.
In eine Karstzunge hineingeschmiegt erinnert das Untere Hirzkarseelein an einen Mini-Folienteich und kämpft mit seinen ca. 7 x 3 m gegen das Zuwachsen. Umwandern ist wegen des Schutzes der seltenen Fleisch fressenden Pflanzen (Sonnentau) an seinem Ufer nur barfuß erlaubt!
Das Mittlere Hirzkarseelein ist von Sumpfbinsen und Glockenblumen bereits völlig durchwachsen und wirkt dadurch wie ein Reisfeld.
Nach diesen Mini-See-Ausgaben freut man sich, mit dem Oberen Hirzkarseelein eine größere Wasseransammlung zu finden. Die Farbe seines Wassers verändert sich mit der Farbe des Himmels. Er ist auf drei Seiten von einem Sumpfbinsengürtel umgeben und wurde in vergangener Zeit von einer Sennerin, die sich ihre einzige Bademöglichkeit nicht zuwachsen lassen wollte, gemäht. Sein Abfluss gluckert unterirdisch zum Unteren Hirzkarseelein.

76 Auf dem Karstlehrpfad zum Heilbronnerkreuz – 3-Seen-Wanderung

Ausgangspunkt: Obertraun am Hallstätter See, Station Krippenstein (2. Teilstation) der Dachstein-Seilbahn (2.109 m)

Endpunkt: Station Krippeneck bzw. Gjaidalm (3. Teilstation) der Dachstein-Seilbahn

Wanderzeit: 3 Stunden

Schwierigkeit: Rundwanderweg. Nebelfreies Wetter und schneefreie Höhenlage sind unbedingte Voraussetzungen. Der breite Weg zum Heilbronnerkreuz ist mit dem Buggy gut befahrbar. Die kurzen Abstecher zu den Seen eignen sich dafür nicht.

Einkehrmöglichkeit: Berghotel Krippenstein, Berghütten

Tipp: Wie wichtig die Einschätzung der Wetterlage in diesem hochalpinen Gebiet ist, beweist die Tragödie von Ostern 1954, bei der dreizehn Lehrer und Schüler aus Heilbronn in einem heftigen Schneesturm ihr Leben lassen mussten. Heute ist diese Route mit Unterstandshütten und breiter Wegführung bestens abgesichert.

Familienfreundliche Wanderung auf breitem Schotterweg.

1. Nehmen Sie die erste Seilbahn um 8.30 Uhr, dann können Sie noch die Dachstein-Rieseneishöhle oder die gewaltige Mammut-Höhle (Seilbahnstation Schönbergalm) besuchen.
2. Vom Gipfel des Krippensteins (15 Minuten ab Bergstation) überwältigende Schau auf die Gletscherwelt des Hohen Dachsteins.
3. Ca. ½ Stunde nach der Seilbahnstation zweigt auf einer äußerst auffälligen Rot-Weiß-Rot-Markierung der Steig zum **Däumelsee** ab. Nach einem kurzen Steilabstieg über markante Felsen ist er in wenigen Minuten erreicht. Zurück auf dem Heilbronnerkreuz-Weg entschädigt uns der überwältigende Blick zu dem prachtvollen Gipfelreigen und zum Hohen Dachstein für das karge Karstplateau. Durch Legföhreninseln, vorbei an üppigen Bergblumenwundern wandern wir vom Heilbronnerkreuz bis zu einem versteinerten Wasserfall, wo uns eine Quelle mit köstlich kühlem Wasser erfrischt. Bei der Unterstandshütte Nr. 662 (30 Minuten vor der Gjaidalm) steigen wir in 10 Minuten rechts hinauf zum Oberen **Hirzkarsee**. (2. Abzweigung nicht übersehen!). Verträumt liegen diese Mini-Gewässer eingebettet zwischen Latschen, Wiesenmatten und Felsen.
   Über das Gelände um die längst aufgelassene Hirzkaralm wandern wir hinunter zur Seilbahnstation Krippeneck bzw. zur nahe gelegenen Gjaidalm mit dem gastlichen Schilcherhaus, fast immer in Augenkontakt mit der gleißenden Gletscherpracht des Dachsteins.
4. Am schönsten ist es, wenn Sie diese Wanderung mit der auf die Simony-Hütte zu den Eisseen verbinden. Eine oder zwei Nächte in diesem Gebiet bleiben ein unvergessliches Erlebnis.

Gletschermilchige Seen am Fuße des Hallstätter Gletschers

In einem riesigen Schotterkessel liegen in etwa 2.000 m Höhe die 5 bis 7 Eisseen. Ihre Lage ist atemberaubend: einige Meter unterhalb der Hallstätter Gletscherzunge, gespeist vom tosenden Gletscherbach, der die in Kaskaden (Terrassen) ineinander überfließenden Seen bildet. Der greifbar nahe Dachstein mit den gleißenden Gletschern und die Seen im Vordergrund bieten dem Fotofreund prachtvolle Motive.

Lage: Etwa 200 Höhenmeter unterhalb der Simony-Hütte (2.206 m) in der Hochregion des Dachsteins

Einkehr: Simony-Hütte, liebevoll geführte Schutzhütte klassischen Stils

Aktivitäten: Alpine Basiskletterkurse, auch für Kinder; Seniorenbergsteigen

Hundewochen: Mit Schlittenhunden am Gletscher

Wenig bekannte Touren mit Schi und Schneeschuhen (Anmeldung bei Berg- und Schiführer Toni Rosifka, Tel. 03622 / 523 22 oder 06135 / 88 08)

77 Von der Gjaidalm über die Simony-Hütte zu den Eisseen

Ausgangspunkt: Obertraun am Hallstättersee, 3. Teilstation der Dachstein-Seilbahn

Wanderzeit: Rund 3 Stunden zur Simony-Hütte, von dort ca. 20 Minuten zu den Eisseen

Einkehrmöglichkeit: Schilcherhaus, Simony-Hütte

Tipp: Beste Wanderzeit ist Spätsommer oder Herbst. Schönwetter, gute Ausrüstung, Trittsicherheit und Ausdauer sind unbedingte Voraussetzung! Am besten ist es, diese Bergwanderung mit einer Nächtigung auf der Simony-Hütte zu verbinden, da sonst für die Gletscherwelt um die Eisseen zu wenig Zeit bleibt. (Die letzte Gondel ins Tal fährt um ca. 17.30 Uhr.)

Eine Bergwanderung, die es wegen ihre beachtlichen Höhenunterschiede in sich hat.

Auf gut markiertem Weg bzw. Steig wandern wir durch weiträumige Legföhrenbestände und scharf ausgewaschene Karstfelsen. Wenn wir – schon in der unwirtlichen 2.000-Meter-Zone – den „Kaiser-Franz-Josef-Reitweg" erreicht haben, gedeihen hier immer noch unzählige Gewächse, die auch aus dem winzigsten Humusfleckchen ein Blütenmeer machen. Überwältigend ist dann der Blick, der sich bei der Simony-Hütte bietet: Vor uns erstrahlt die gewaltige Gletscherpracht des Dachsteins. Neben dem Schutzhaus stehen sieben Mini-Schutzhütten für ebenso viele weiße Schlittenhunde, die sich fotogen mit dem Dachstein als Hintergrund präsentieren. Fotomotive, wie wir sie nur selten finden!

Nach einer wohlverdienten Rast geht es 200 Höhenmeter abwärts zu den Eisseen. Wenn wir der oberen Stangenmarkierung durch die Schotterwüste folgen, kommen wir direkt unterhalb der Gletscherzunge des Hallstätter Gletschers an und wandern dann den Weg des Wassers die Kaskaden hinab bis zum untersten Eissee. Die roten Vermessungszahlen auf den Steinblöcken geben Aufschluss über die jährliche Gletschereisschmelze.
Für mich gehört diese Tour zu den schönsten, die ich kenne. Und wirklich unvergesslich bleibt sie, wenn wir nach einer Übernachtung auf der Simony-Hütte den eindrucksvollen Sonnenaufgang bestaunen.

Rumpler Seelein Maisberg Seelein Schneeberg Seelein

Nur für erfahrene Bergsteiger!

Sie liegen am Hochplateau östlich der Gletscherwelt des Dachsteins – einer Urlandschaft fern aller gepflegten Wege im abgelegensten Teil des gewaltigen Dachsteinmassivs. Sie werden nur der Vollständigkeit halber erwähnt und man sollte nur mit Kennern dieses Gebietes (Bergführern, Jägern) in diesen Bergraum eindringen. Kompass und Karte sind unerlässliche Begleiter.
Tipp: Karten für diesen Bergraum:
Alpenverein – Dachsteingruppe Nr. 14, 1: 25.000
Freytag & Berndt Nr. 281, 1: 50.000 (Dachstein 20)

Silberkarsee

Auch Seetal- oder Hölltalsee genannt

Lage: Nördlich von Schladming im steirischen Gebiet des Dachsteinblocks, Seehöhe 1.805 m

Er liegt, türkis schimmernd, auf dem Grund des Hölltals, umgeben von beeindruckenden steilen, kalkbleichen Wänden. Oft schon haben „Schlafsacktouristen" an seinem Ufer genächtigt, doch nur einmal! So mancher Bergseeromantiker wusste von schauerlichem Pfeifen und Heulen zu berichten, das sich verminderte und steigerte, dessen Lärmpegel jedem unter die Haut ging und an die „Wilde Jagd" (Nachtgeister) der Sage denken lässt.
Der Name „Silberkarsee" erinnert noch an die Zeit, als in seiner Umgebung erfolgreich nach Silber geschürft wurde.

78 Über die Silberkarklamm zum Silberkarsee

Ausgangspunkt: Rössing–Ramsau (nordöstlich von Schladming), kostenpflichtiger Parkplatz bei der Silberkarklamm

Wanderzeit: ¾ Stunden durch die Klamm bis zur Silberkarhütte, von hier 2–3 Stunden zum Silberkarsee

Rückweg: Entweder auf demselben Weg oder über das Guttenberghaus (4 Stunden von der Silberkarhütte). Siehe auch Wanderung Nr. 79

Einkehrmöglichkeit: Silberkarhütte (Pfingsten bis Mitte Oktober geöffnet), Jausenstation „Fliegenpilz"

Besonderheit: Die riesige Karsthochfläche des Dachsteins „Am Stein" und am Schladminger Gletscher ist Nährgebiet des Silberkarbaches. Die Silberkarklamm entstand im Laufe der Jahrtausende durch Ausschwemmung und unablässige Erosion. Im Unterlauf liefert sie Energie für die Lodenwalke (Verkauf von Stoffen und Trachtenkleidung). Über die hochwassersichere Treppengalerie erwandern wir die Silberkarhütte, deren spitz in den Berg geführte Dachkonstruktion die regelmäßig über die Hütte hinwegfegende Staubschneelawine teilt und so entschärft.

Über die romantische Klamm wandern wir zur am Fuß von wahrlich himmelstürmenden Wänden gelegenen Silberkarhütte. Kurzes Kraftschöpfen stärkt uns für den nun folgenden Steilanstieg über die Stanglalm bis zum Erreichen des oberen Almgebietes. Von der Abzweigung auf der Anhöhe wandern wir über eigenartig runde Almwiesenhügel. Ganz plötzlich liegt dann der Silberkarsee zu unseren Füßen: verlockend, aber anscheinend unerreichbar tief unten! Als Wanderer denkt man mit Schreck daran, dass man aus dieser Tiefe auch wieder emporsteigen muss. Doch den beträchtlichen Höhenunterschied überwindet man recht schnell. Wenn man im Spätsommer unterwegs ist, tröstet ein Bad über alle Mühen hinweg!

Wer die Strapazen einer Silberkarsee-Wanderung nicht auf sich nehmen will oder kann, dem ist ein Besuch im nahe gelegenen Tierpark, in der Lodenwalke und der Silberkarhütte oder der 3 ½-stündige anspruchsvolle Silberkar-Höhenrundweg zu empfehlen.

Zellerlsee

Seichtes Sumpfbiotop mitten im Wald

Lage: Nördlich von Haus im Ennstal

Dieses ganz seichte Seelein ist nicht unbedingt als alleiniges Ziel geeignet, aber im Zusammenhang mit einer Wanderung zum Ahornsee (Nr. 79) empfiehlt es sich zum Besuch.

Die Sage berichtet, dass hier einst ein riesiger See war, in dem ein fürchterlicher Drache hauste. Im Laufe der Zeit wurde es ihm am Grund des Sees zu eng. Um ihn zu erweitern, knabberte er die Felsen an und muss im Laufe der Zeit ein so gewaltiges Loch durch die Felswand gefressen haben, dass diese nachgab und gewaltige Fluten die im Tal liegende Stadt niederwalzten und begruben.

Die auffallend vielen kleinen Quellen und sumpfigen Stellen um den Zellerlsee sind Reste des einstigen großen Sees. Von der erwähnten Stadt fand man beim Pflügen eines Feldes nur mehr ein Turmkreuz und Reste eines Rauchfanges …

Ahornsee
Grafenberger See

Lage: Nördlich von Haus im Ennstal an der steirischen Seite des Dachsteinblocks (1.485 m bzw. 1.647 m hoch gelegen)

Aktivitäten: Kneippanlage

Wildpark Burgstaller, Schwammerl- und Beerenwald,

Paragleiten, Schifahren (am Stoderzinken)

Tipp: Alle Wanderungen zu diesen Bergseen sind keine Spaziergänge, sondern bereits leichte Bergtouren, die gute Ausrüstung, Ausdauer und etwas Kondition verlangen. Die beste Zeit dafür ist zur Almrosenblüte im Juni / Juli oder zur Heidelbeer- und Preiselbeerreife im Spätsommer.
Während die „Wanderfreudigeren" einer Familie oder Gruppe eine längere Wanderung wählen, kann sich die andere Hälfte auf dem Stoderzinken vergnügen, den Tierpark besuchen, in der Kneippanlage kneippen und / oder den „Langwanderern" bis zum Jagdhaus Grafenbach (Zellerlsee) entgegengehen.

79 Über Zellerlsee und Ahornsee zum Grafenberger See

Ausgangspunkt: Haus im Ennstal, Ortsteil Weißenbach, Kneippanlage, 743 m (Parkplatz über Schotterstraße erreichbar)

Wanderzeit: Ca. 1 Stunde bis zum fast am Weg liegenden Zellerlsee; 3–4 Stunden zu den Seen (30 Minuten vom Ahornsee zum Grafenberger See)

Gleich zu Beginn unserer Wanderung tun wir etwas für unsere Gesundheit: In gemauerten, mit eiskaltem Naturwasser gespeisten Becken gibt es kostenlosen Kneipp-Spaß, der für die kommenden Anstrengungen den Kreislauf so richtig in Schwung bringt.

Liebhabern von gemütlichen Wanderungen genügt es, bis zum Jagdhaus Grafenbach hinaufzuwandern. Dort zweigt der Weg links zum Wasserfall ab. Verfolgen wir diesen Weg ca. 10 Minuten weiter, erreichen wir, an mitten im Wald entspringenden Quellen vorbeiwandernd, den Zellerlsee. Zu unseren Bergseen aber führt ein Steilanstieg, der uns nach der Baumgrenze wunderschöne Rundblicke auf Haus und die Schladminger Tauern schenkt. Schnell haben wir an Höhe gewonnen, auf dem anschließenden Flachstück kommt man wieder zu Atem. Vorsicht mit Kindern, denn tief unten zu unseren Füßen tost der Bach, der aus unseren hoch gelegenen Zielseen kommt.

Weitere Wanderungen:

1. Auf Weg Nr. 618 über die Luserpfanne Richtung Silberkarhütte, wobei man bei guter Kondition noch den Silberkarsee bewundern und über die Silberkarklamm zur Lodenwalke absteigen kann. (Anstrengende, aber wunderschöne Tagestour)
2. Über den Kufsteingipfel und die Stornalm zum Wildpark Burgstaller.

Steinbock

80 Vom Stoderzinken zum Grafenberger See und Ahornsee

Ausgangspunkt: Gröbming, von dort auf der 18 km langen, eindrucksvollen Mautstraße auf den Stoderzinken (1.872 m)

Wanderzeit: Lange Tagestour

Einkehrmöglichkeit: Brünner Hütte auf dem Stoderzinken

Eine einsame, blumen- und beerenreiche Wanderung. Zur Blütezeit der Alpenrosen schreitet man durch weite, rosafarbene Blütenteppiche.

Wir schlagen den Weg Nr. 618 Richtung Guttenberghaus ein und wandern über den Kimpfling (1.761 m), ein überaus romantisches Gelände, auf dem man fast immer Gämsen sieht. Ganz plötzlich blitzt viele hundert Meter tiefer der Ahornsee herauf, wir haben freien Blick auf das Gipfelmeer der Schladminger Tauern. Nach einem überaus steilen Abstieg erreichen wir in westlicher Richtung ansteigend den Grafenberger See.

Zum Ahornsee müssen wir ca. 30 Minuten zurückwandern. Von hier geht es immer abwärts bis zur Kneippanlage (siehe Wanderung Nr. 79), wo wir hoffentlich von einem „Taxidienst" erwartet werden.

Weitere Wanderungen: Eine weitere Ausflugsmöglichkeit in diesem Gebiet bietet der **Stoderzinken**. Er ist auf der eindrucksvollen, 18 km langen Mautstraße zu erreichen. Vom Gasthaus Steinerhaus kann man z. B. das „Friedenskirchlein" (20 Minuten) und die Brünner Hütte (15 Minuten) erwandern. Der Ausblick in das Ennstal ist wunderschön! Schon Peter Rosegger äußerte seine Liebe zu dieser Gegend mit den Worten: „Was soll ich schreiben in diesen Bergen voll Sonnenschein? Ich kann nur in Andacht schweigen und selig sein!"

Von Wald umschlossener Moorsee

Lage: Nördlich von Gröbming im steirischen Ausläufer des Dachsteinblocks

81 Von den Öfen zum Miesbodensee

Ausgangspunkt: Gröbming. Im Ortsteil Winkl rechts abbiegen, Parkmöglichkeit bei der Kneippanlage.

Wanderzeit: Ca. 3 Stunden auf der Forststraße

Einkehrmöglichkeit: Viehbergalm, bis Ende September bewirtschaftet

Besonderheit: Schöner Talschluss, Kneippanlage, Hochseilgarten am Ausgangspunkt

Auf der Forststraße und steilem Fußweg wandern wir durch die wunderschöne Schlucht zwischen Stoderzinken und Kammspitz. Direkt an der Rückseite des Kammspitz liegt der Miesbodensee (1.418 m). Wir „erhatschten" ihn in gut 3 Stunden auf der Forststraße über die Viehberg Alm.

Die Gemeinde Gröbming plant, den bisher schwer zu findenden steilen Pfad zum See neu zu markieren, dann verkürzt sich die Wanderzeit. Wagemutige Moorseebader können nach der Wanderung ein erfrischendes Bad nehmen.

Finetseen, Karsee, Schwarzsee, Grüne Lacke, Neubergsee

Vier vergessene Seen im südlichen Ausläufer des Dachsteinmassivs

Diese Seen – sie messen bis zu 100 m im Durchmesser – erwähnen wir der Vollständigkeit halber. Ihre Erwanderung ist Freunden wegloser Hochwälder vorbehalten, in einem zwar wildromantischen Gebiet, aber auch durchzogen von Felsspalten, Dolinen und Schluchten, deren Gefahren nicht unterschätzt werden dürfen. Nur als wirklicher „Pfadfinder" mit ausgezeichnetem Orientierungssinn sollte man sich diese einsamen Seen als Ziel erwählen – und selbst dann nur mit Kompass und Karte (Vermessungskarte) und selbstverständlich niemals allein! (Höhenlage der Seen zwischen 1.324 und 1.582 m.)

82 Finetseen

Ausgangspunkt: Der Ödensee (776 m) im steirischen Salzkammergut

Tipp: Auch für diese Wanderung in überaus romantischer, alpenblumenreicher Wildnis sind bester Orientierungssinn, eine gute Karte, Kompass und Begleitung unbedingtes Muss. Auf die Gefahren durch Schluchten, Felsspalten und Dolinen muss auch hier ausdrücklich hingewiesen werden!

Bis zur Finetstube (1.212 m) führt ein steil angelegter Ziehweg, ihm kann man bis zur verfallenen Eibl-Alm folgen. Doch selbst bis hierher ist die Orientierung schwer, da dieser Weg oft von Forststraßen gequert wird, die ihn streckenweise unauffindbar verschütteten.

Region Aussee / Totes Gebirge
Region Tauplitz

©arbeitsgemeinschaft kartographie
Almsee
Ghf. Seehaus
(591)
In der Röll
Welser Htt.
(1726)
Großer Priel
2515
2396
Schermberg
Kl. Priel
2136
Schnablwipfel
1669
Stromboding-Wasserfall
Kreidelucke
Oberklamm
Prielschutzhaus
(1420)
Hinterstoder
(591)
Rotgschirr
2270
Totes Gebirge
Pühringer Htt.
(1637)
Elmsee
Elmgrube
Hinterer Lahngangsee
Lahngangalm
Feuertalberg
2376
Gr. Hochkasten
2389
Polster
Polsterlucke
Steyr
Weißenbach
Hutterer Böden
Hutterer Almen
1634
Schrenkenzieheralm
Dietlgut
Traun-Ursprung
Kammersee
2285
Hebenkas
Pernreith
Berghaus
Baumschlagerreith
Weiße Wand
2198
Ödernatal
Rechenplatz
Halterhüttel
Ödernalm
Almkogel
2116
Sumperalm
Märchensee
Großsee
Steirer See
Schwarzensee
Steirerseehütten
Leistalmhütte
(1647)
(1552)
Hochmölbinghtt.
(1684)
Liezener Hütte
(1762)
Krallersee
Hollhaus
Linzer Tauplitzhaus
1965
Tauplitzalm
Lopernalm
Langpoltenalm
Böhmhütte
Gnanitz
Rabenkögel
1534
Brentenmöserhtt.
(1364)
(1052)
Gretlhütte
Hechlstein
1814
Stoiringalm
Bärenfeuchtenalm
(1474)
Hochtausing
1823
Hollam
Greith
Sölkner
Tauplitz
(896)
Wörschachwald
Möjet
Spechtensee Hütte
Loresslehen
Wörschachberg
Ruine Wolkenstein
Hechl
Wörschachwalderhof
Spechtensee
(1051)
Zauchen
Furtberg
Furt
Schrödis
Dörfl
Ziem
Wörschachwald
Wörschach
(650)
Krungl
Hst.
Bhf.
Klachau
Maitschern
Heiss
Graben
Schiflugschanze Kulm
Girtstatt
Lessern
Ghf. Dachsteinblick
Poserer
1508
Brandangerkogel
Leistenalm
(1056)
Schloss Friedstein
Niederhofen
Bauer am Kulm
Kulm
Grimming
Schloss Sonnhof
Stainach
Schloss Stainach
Dückbauer
Krunglwald
Pürgg
Hst.
Unter-
Unterburg
Bhf.
Hohenberg
Ketten
Aiglern
Aich
92
95
96
99
100
145
146

Altausseer See

Weltbekannt durch seine reizvolle Lage: umrahmt von Loser, Trisselwand und Tressenstein

Bemerkenswert ist, dass der Altausseer See keinen ganzjährigen oberirdischen Zufluss hat – er ist sozusagen ein See aus dem Nichts. Der gesamte Zustrom erfolgt über Karstquellen, die unterhalb der Seeoberfläche einmünden. Erst am Abfluss der Traun aus dem See sieht man, welche Wassermengen dem See auf diese Weise unterirdisch zufließen!

Das Wasser des Sees ist selbst im Hochsommer recht frisch, glasklar sauber und hat Trinkwasserqualität. Der Grund liegt eben darin, dass der Zustrom aus dem Karstsystem der angrenzenden Bergstöcke erfolgt. Niederschlagsmengen und Schmelzwässer benötigen oft nur wenige Stunden, um vom Hochgebirge in den Altausseer See zu gelangen.

Auch das Becken des Altausseer Sees wurde durch eiszeitliche Gletscher und ihre mitgeführten Gesteinsmaterialien ausgehobelt. Nach dem Abschmelzen des Eises konnte sich darin der See bilden.

Lage: Nordwestlich von Bad Aussee

Seepass: 712 m Seehöhe, 53 m tief, 2,14 km^2

Badesee: 20 °C im Sommer, 6 km frei zugänglicher Naturbadestrand

Paragleiten und Drachenfliegen: Flugschule Salzkammergut vom Hausberg Loser (Tel. 07612 / 730 33)

Fischen, Eislaufen, Eisstockschießen

Besonderheiten: Altausseer Gradieranlage (beim Kurhaus). Wenn Sie Atembeschwerden haben oder etwas Wohltuendes für das vegetative Nervensystem tun wollen, so ist diese in Österreich einzigartige Anlage ideal. Salz-Sole tropft auf Fichten- und Tannenreisig und gibt die ätherischen Öle und das typische Nadelwald-Aroma an die Atemluft weiter.

Blick vom Ausseer Land auf den Dachstein

Altaussee

Unter den vielen „Perlen des Salzkammergutes" ist Altaussee sicherlich eine der kostbarsten. Hier haben die Menschen ihre eigene Tracht und ihren ureigenen Dialekt – unverändert seit Jahrhunderten. Seit jeher verführt Altaussee Maler, Schriftsteller, Musiker zum Verweilen und Wiederkommen, die Landschaft ist Inspiration, Kraft- und Ruhepol. So führt die „Via Artis" zu den Sommervillen und Lieblingsplätzen prominenter Künstler wie Gustav Mahler, Johannes Brahms, Friedrich Torberg, Hugo von Hofmannsthal und Barbara Frischmuth.

Naturkulisse der Seewiese für Musik- bzw. Theateraufführungen im August; „Narzissenfest" Ende Mai, abwechselnd einmal in Altaussee und am Grundlsee.

Lage: 100 m nordöstlich vom Altausseer See

Seepass: 1–2 m tief, wegen des schlammigen Untergrundes kein Badesee. Seine Überwasser fließen in den Altausseer See.

83 Rund um den Altausseer See

Ausgangspunkt: Altaussee, Ortsteil Fischerndorf

Wanderzeit: Ca. 2 Stunden

Einkehrmöglichkeit: Mehrere Gaststätten am Westufer

Tipp: Von der „Seewiese" sind es nur wenige Minuten zum Ostersee.

Dieser wohl schönste, berühmteste und daher auch meistbegangene Seeuferweg bedarf kaum einer Beschreibung.
Die stimmungsvolle „Seewiese", die aus dem See unvermittelt aufsteigende Trisselwand und die vielen lieblichen Plätze ergeben die einzigartige Schönheit dieser Landschaft.

84 Zum Alpengarten

Ausgangspunkt: Altaussee, Elisabethpromenade

Wanderzeit: 50 Minuten auf beschildertem Spazierweg, etwa 1 Stunde für den Rundgang im Alpengarten einplanen.

Einkehrmöglichkeit: Gh. Fuchsbauer, Gasthäuser in Lupitsch

Tipp: Ein anschließendes Bad im nahen Moorbad Sommersbergersee ist die ideale Ergänzung zu diesem Naturkundeausflug. Der See ist klein, aber umso wärmer – und vom Alpengarten in 30 Minuten zu erwandern.
See und Alpengarten sind auch mit dem Auto erreichbar.

Wir müssen nicht hoch hinaus, um die ganze Blumenpracht der Alpen bewundern zu können. Der Ausseer Alpengarten beherbergt über 1.000 Alpenpflanzen, Stauden und Gehölze sowie pflanzliche Raritäten aus aller Welt. Der Schaugarten wurde vor 80 Jahren auf einer Fläche von 12.000 m² errichtet.

Hier wachsen alle Arten von Alpenpflanzen, die in der freien Natur entweder im Hochgebirge oder an nur schwer zugänglichen Stellen ihr Zuhause haben. So lernen auch „Flachländer" Pflanzen kennen, die sie sonst nie zu Gesicht bekommen würden. Eingebettet in den alten Naturgarten informieren besondere Areale über Heil-, Gift- oder Zauberpflanzen.

Neben den bekannten Blumen wie z. B. Enzianarten und Alpenrosen sei auf die **Silberdistel** hinweisen: Sie blüht von Juni bis September, ihr Blütenkörbchen ist bis 10 cm im Durchschnitt, die inneren Hüllenblätter sind strahlend weiß, der Stängel niederliegend, die Blätter wie eine Rosette angeordnet. In früheren Zeiten galt sie als „das Brot des Jägers", denn wenn man die stacheligen und trockenen Teile entfernte, blieb ein nach Nuss schmeckendes, essbares Stück über. Heute steht sie unter Naturschutz.

Auch die **Zirbe** wächst in dieser Gegend: früher ein gern gewähltes Holz für Kripperlfiguren und Zirbenstuben sowie die Basis für eine heimische Spezialität, den Zirbenschnaps. Dabei werden junge Zirbenzapfen gesammelt und in Zucker und (Korn-)Schnaps angesetzt. Heute steht die Zirbe unter Naturschutz.

85 Salzbergwerk Altaussee

Ausgangspunkt: Altaussee, Kurhaus

Wanderzeit: 1 Stunde, Führungsdauer ca. 1 Stunde

Öffnungszeiten: Mai bis September, Mo–Sa 10–16 Uhr, sonn- und feiertags geschlossen. Ich rate Ihnen, sich telefonisch wegen der Öffnungszeiten zu erkundigen, da es immer wieder Änderungen gibt (Tel. 03622/71643).

Besonderheit: Im Zweiten Weltkrieg beherbergte der Altausseer Salzberg Kunstschätze im Wert von vermuteten 5 Milliarden Euro. Tausende Gemälde – darunter Breughels und Rembrandts –, Plastiken und andere unersetzliche Objekte ruhten damals im Bergesinneren, von dem man wusste, dass die einsame geografische Lage, 80 % Luftfeuchtigkeit, gleich bleibende Temperatur und das gewaltige Fassungsvermögen Schutz vor den Kriegswirren bieten konnten.

Heute begegnen wir im Schaubergwerk dem scheuen „Grubenhunt", können die Barbara-Kapelle bewundern oder die Lesung eines renommierten Künstlers erleben.

Seit urdenklichen Zeiten wird hier das „Weiße Gold" abgebaut. Vom Kurhaus weg wandern wir durch den Kurpark, überqueren die Donisbrücke und wandern auf der stetig ansteigenden Straße zum Salzberg. Wanderzeit 1 Stunde.

Weitere Wanderungen: Altaussee weist mit seiner **„Via Salis"** („Salzweg") ein ganz spezielles Gustostück auf: Auf einem Naturwanderweg (festes Schuhwerk erforderlich) können Sie im Freien von Stolleneingang zu Stolleneingang wandern und dabei beim Steinberg-Stollen ins Schaubergwerk einfahren. Prospekte über diese Wanderung liegen in Altaussee auf. Auf 22 Schautafeln erfahren Sie viel Wissenswertes zum Thema „Salz" (8 km langer Rundwanderweg, ca. 3 Stunden Gehzeit).

Sommersbergersee

Dunkler, warmer Moorsee

Er ist in privatem Besitz, aber allgemein zugänglich. Wegen seiner Wärme (27 °C!) ein beliebter, häufig frequentierter Moorsee mit gebührenpflichtiger Bademöglichkeit. Reicher, eingesetzter Fischbestand.

Von (sauren) Wiesen umsäumt, von Wäldern und Bergen umgeben, liegt in einer sanften Senke der Sommersbergersee. Im Frühjahr, oft bis in den Frühsommer hinein sind die Wiesen voller Narzissen, ein schneeweißer Teppich, wogend im Wind. Im Hochsommer sind die Wiesen von Sonnenanbetern und der See von Badenden übervölkert. Wer daher den Moorsee in Ruhe genießen möchte, sollte in die Nebensaison ausweichen. Kontrastreich zu den sanft geneigten Uferwiesen ragt der mächtige Felsenaufbau des Sarsteins aus dem Wald, südlich die Höhen von Zinkenkogel und Koppen.

Lage: Westlich von Bad Aussee

Seepass: 856 m Seehöhe, 24 m tief, 160 m breit

Einkehr: Restauration Sommersbergersee (hausgemachte Spezialitäten; kinderfreundlich)

86 Rund um den Ischlkogel

Ausgangspunkt: Sommersbergersee, Gasthaus am See

Wanderzeit: 1 Stunde

Besonderheit: Fast auf dem Weg liegt ein Alpengarten mit den seltensten Gebirgspflanzen. Der Besuch ist unbedingt zu empfehlen.

Direkt vom Gasthof am Sommersbergersee führt ein Weg um diesen bewaldeten Kogel.

In nördlicher Richtung wandern wir ein Stück neben dem Seeufer durch satte Bergwiesen und Wald. Von einem Aussichtsplätzchen liegt uns das Ausseerland zu Füßen, abgeschlossen vom Loser, der mächtigen Trisselwand, dem Lawinenstein und dem Ausseer Koppen.

Augstsee

Das Juwel am Loser

Der Augstsee liegt tief eingebettet in einem der eiszeitlichen Kare, in denen die Gletscher ihre Geburtsstätten hatten. Dieses Kar mündet in einen Trichter, „Doline" genannt. Es gibt keinen sichtbaren Abfluss, das Wasser des Sees strömt über das Schluckloch der Doline in das unterirdische, weit verzweigte Höhlennetz im Inneren des Toten Gebirges und trägt zur Wasserversorgung des Altausseer Sees bei.

Auf Bergstöcken wie dem Loser stellen Gewässer wie der Augstsee eine Seltenheit dar, denn die hier auftretenden Kalkgesteine sind oft stark verkarstet und daher besonders wasserdurchlässig. Hier am Augstsee kann sich das Wasser nur halten, weil die Doline vom eiszeitlichen Gesteinsmaterial völlig abgedichtet wurde.

Nur nach langen Schönwetterperioden erreicht dieser Bergsee eine Oberflächentemperatur von 18 °C, sein Tiefenwasser ist aber bitterkalt.
Der Name „Loser" kommt aus dem alpenländischen Dialekt und bedeutet „Ohr". Tatsächlich ragt der Berg wie ein gewaltiges abstehendes Ohr weithin sichtbar aus der Landschaft. Dazu passend ist – von oben – eindeutig die großformatige Augenform des Aug(st)sees auszumachen!

Lage: Nördlich von Altaussee am Loser. Er ist über die Panorama-Mautstraße zu erreichen.

Seepass: Ca. 1.600 m Seehöhe, 270 m lang, ca. 100 m breit, 7–8 m tief; Saiblinge

Einkehr: Loserhütte, Bergrestaurant beim großen Parkplatz

Besonderheiten: Bei guter Thermik sind ganze Geschwader von Drachenfliegern zu beobachten! Bei Kehre 13 befindet sich Europas größtes alpines Sonnenkraftwerk.

Aktivitäten: Paragleiten und Drachenfliegen: Flugschule Salzkammergut (Tel. 07612 / 730 33, 03622 / 710 90)

Schischaukel Sandling-Loser: Schneesicheres Schifahren

87 Wanderungen am Augstsee

Ausgangspunkt: Altaussee, Zufahrt auf der 9 km langen Loser-Panorama-Mautstraße

Schwierigkeit: Bitte daran denken, dass wir uns in hochalpinem Gelände befinden! Trotz der leichten Erreichbarkeit und der guten Erschließung dieses Weges werden festes Schuhwerk und wetterfeste Kleidung empfohlen.

In der Umgebung des Augstsees finden wir Wanderungen für jeden Geschmack und in jeder gewünschten Länge.

1. Vom Bergrestaurant bis zum Augstsee sind es nur wenige Minuten. Das Gelände bietet mannigfaltige Spaziermöglichkeiten.
2. Wirklich erlebenswert ist der **Geo-Erlebnisweg** auf dem Plateau des Losers. 25 Stationen führen uns auf einem Rundweg in ins-

gesamt 2 Stunden vom Bergrestaurant Richtung Bräuningalm und wir erhalten einen Einblick in die Entstehung unserer Bergwelt.

3. Vom Augstsee führt ein markierter Steig in 40 Minuten bis zum mehrere Meter hohen **Loserfenster** (1.800 m), durch welches man in natürlichem Steinrahmen die wunderschöne Aussicht genießen kann. Vorsicht mit Kindern (an der Hand halten!) – Trittsicherheit wird vorausgesetzt!

88 Augstsee–Hochanger–Loser (1.838 m)–Loserhütte

Wanderzeit: 2–2 ½ Stunden

Schwierigkeit: Trittsicherheit Voraussetzung

Besonderheit: Loserfenster, prachtvolles Bergpanorama vom Losergipfel

Loserfenster

Mit seiner charakteristischen Form ist der Loser gleichsam das Wahrzeichen des Steirischen Salzkammergutes. In der Eiszeit ragten nur die obersten Kalkklippen seines Gipfels wie eine Krone aus den Eismassen.

Vom Parkplatz wandern wir auf Weg Nr. 256 über das Loserfenster auf den Hochanger. Nehmen Sie ordentlich Anlauf, um die Scharte mit Schwung zu überwinden und den leichten Anstieg auf den Losergipfel zu schaffen.

Der Gipfelbereich des Losers ist eine kleine Plateauhochfläche, von der man bei klaren Wetterverhältnissen eine herrliche Fernsicht genießen kann: von der Böhmischen Masse über Hochkönig, Großvenediger und Großglockner, bis hin zu den mächtigen Bergstöcken der Nördlichen Kalkalpen sowie über das gesamte Tote Gebirge.

Wussten sie, dass es noch vor rund 100 Jahren einen Trägerdienst auf den Loser gab? Vier Mann schleppten damals auf einem Tragsessel eine Dame für 16 Gulden bergwärts.

Sie müssen leider wieder auf die Scharte hinunter, gehen entweder denselben Weg zurück oder nehmen bei trockenem Wetter den Weg Nr. 255 zur Loserhütte. Auf der Straße geht's zurück zum Parkplatz.

Reizvoller, heiterer See zwischen Wiesen und Bergen

Der Grundlsee liegt in einem Trogtal, das ein Eiszeitgletscher ausgeschürft hat. Der Eispanzer, der die gesamten Alpen bedeckte, betrug hier im Bereich des Grundlsees stolze 1.000 m – in die Höhe, versteht sich! Nur Gipfel über 1.700 m überragten die Eismassen!

Der See hat einen Gesamtumfang von etwa 14 km. Sein Ufer nimmt unerwartet viele und zugleich verschiedenste Formen an: unzugängliche Klippen, unberührte Blockstrände, ausgedehnte Schotterbänke, bis hin zu verschilften Uferbiotopen und rasengepflegten Badestränden.

Alle Seen – Grundlsee, Toplitzsee und Kammersee – weisen einen großen Fischreichtum auf. Das Barschfischen ist am Grundlsee für Kinder gratis! Es winkt sogar eine Fangprämie. Der als Raubfisch bekannte Flussbarsch wurde wahrscheinlich als Köderfisch eingeschleppt und ist an seiner auffällig mit Stacheln versehenen Rückenflosse erkennbar.

Lage: Nordöstlich von Bad Aussee im Steirischen Salzkammergut

Seepass: 708 m Meereshöhe, 6 km lang, 1 km breit, 63 m tief

Aktivitäten: Je nach Jahreszeit Bade- und Angelsport bzw. Eis laufen und Eisstockschießen. Dieser See friert fast jeden Winter zu und ist dann vor allem wegen seines prächtigen Spiegeleises berühmt.

Tauchen: Tauchertreff im „Rostigen Anker" (Informationen vor Ort. Die durch Tafeln gekennzeichneten Laichschonstätten meiden!)

Sportfischen: Großer Fischreichtum, Informationen unter www.fischen.at

Schifffahrt und Bootsverleih: Peter Zimmermann, Tel. 03622/8613

Einkehr: Gaststätten in den Orten Grundlsee und Gößl

89 Geo trail am Grundlsee-Südufer

Ausgangspunkt: Grundlsee, Seeabfluss; Endpunkt: Gößl, Bushaltestelle bzw. Bootsanlegestelle

Wanderzeit: 7,5 km; zurück mit Bus oder Schiff oder natürlich auch zu Fuß am Nordufer auf breitem Gehweg meist parallel zur Straße.

Der Geo trail ist ein gemütlich zu erwandernder Weg in einer ungemein reizvollen Landschaft mit naturräumlichen Besonderheiten. 34 „Stationen" liefern spannende Informationen über geologische Prozesse, geben Antwort auf „was wir schon immer wissen wollten" (z. B. Wie können Steine „vom Himmel" fallen? Wie entstehen Felsüberhänge hoch oben in Flusstälern?).

Das Nordufer des Grundlsees ist mit Auto, Bussen oder mit dem Schiff zu „erwandern". Am schönsten ist es, zuerst die Schifffahrt quer über den See bis Gößl zu genießen und dann entlang des lang gestreckten, zum Teil auch steilen und bewaldeten Ostufers wieder nach Grundlsee zurückzuwandern.

Beste Eisverhältnisse am Grundlsee

Weitere Wanderungen:

1. Der gesamte Geo trail hat eine Länge von etwa 12 km, 20 Stationen sind am Südufer des Grundlsees eingerichtet, die restlichen kann man auf einem Rundweg zum Toplitzsee betrachten. Für die gesamte Wanderung rechnet man 5–6 Stunden.

2. In gut 3 ½ Stunden führt eine abwechslungsreiche Wanderung mit wunderschönen Ausblicken **rund um den Grundlsee**. Am Nordufer führt der breite Gehweg meist parallel zur Straße, am Südufer wandern wir angenehm abseits von jedem Trubel.

Geheimnisumwitterter See ohne Uferwege

Der Toplitzsee ist ein außergewöhnlicher, geheimnisvoller See mit bekannter Vergangenheit. (Viele Relikte aus dem Zweiten Weltkrieg wurden im See geborgen und sogar ein Taucherteam aus den USA suchte – vergeblich – nach dem angeblich hier versenkten „Reichsschatz".)

Beinahe unglaublich, dass der See nur bis zu einer Tiefe von 20 m Süßwasser führt, alles Tiefenwasser darunter ist stark salzhaltig. Er ist ausgesprochen fischreich. (Fragt man Einheimische nach den Fischarten, bekommt man regelmäßig ein einheitliches „Da gibt's ois!" als erschöpfende Antwort. Der Fischbestand ist natürlich belassen: Hechte, Forellen, Saiblinge usw.)

Hier begann im Jahr 1819 die Liebe Erzherzog Johanns zu seiner späteren Gemahlin Anna Plochl. Dies ist aber auch ein Plätzchen zum Verlieben: absolute Waldeinsamkeit, dunkle Wasser, umsäumt von hochragenden Bergwäldern. Am besten besuchen Sie diesen See im Frühjahr und Herbst – oder in den frühen Morgenstunden im Sommer, denn um die Mittagszeit beginnt der Trubel der Besucher.

Lage: Nordöstlich von Bad Aussee und Grundlsee im Steirischen Salzkammergut

Seepass: 718 m Seehöhe, 121 m tief

Einkehr: Fischerhütte (einheimische Fischspezialitäten, von Ostern bis Ende Oktober geöffnet)

Aktivitäten: Baden, Bootsvermietung bei der Fischerhütte am Westufer des Sees

Besonderheiten: Der Toplitzsee ist nur auf dem Wasserweg erkundbar. Vom „Motorplätten-Taxiplatz" bei der Fischerhütte gibt es geführte Plättenrundfahrten (1. Mai bis 31. August) zur „Villa Wolkenbruch" am Ostende des Sees.

90 Drei-Seen-Wanderung: Vom Grundlsee zum Toplitz- und Kammersee

Ausgangspunkt: Gößl am Grundlsee, 11 km von Bad Aussee, Bootsanlegesteg oder Freizeitzentrum; Station 20 des neuen Geo trails.

Wanderzeit: Rundweg über Gößlwiesen, Ranftlmühle zum Toplitzsee und zurück – 4,5 km (eine gute Stunde)

Einkehrmöglichkeit: Fischerhütte am Toplitzsee, selber grillen in der Freizeitanlage in Gößl (Schlüssel für Grillstation im Gemeindeamt abholen)

Tipp: Nach Regenfällen oder Gewittern wird die Landschaft durch die von den Bergwänden strömenden Wasser besonders reizvoll.

Eine unvergessliche Reise zu den unberührt scheinenden Ursprüngen dieser Seenlandschaft. Gerade dieses Flair brachte entsprechende Autolawinen mit sich, daher wurde Gößl für den allgemeinen Verkehr gesperrt.

Die Gößler bauten ihre Häuser aus dem reichlich vorhandenen Holz: gemütlich, klein, schindelgedeckt liegen sie zwischen hohen Bergen. Unser Weg ist sowohl romantisch als auch informativ – wir wandern auf der 2. Etappe des Geo trails zum **Toplitzsee**. Mit der Plätte fahren wir zu seinem Nordostufer. Im Mai sind die Steil-

wände mit einer Flut des seltenen goldgelben Petergstamm bedeckt.
Mit dem Plättenführer vereinbart man die Zeit, zu der man wieder abgeholt werden will und tritt nun den kurzen Steilanstieg zum naturbelassenen **Kammersee** an.
Auf dem Rückweg kommen wir an der beeindruckenden Gößler Wand vorbei: Beinahe 200 m erhebt sich hier eine Mauer aus Dachsteinkalk über den Talboden. Sie liegt entlang einer geologischen Bruchzone. Man kann sich gut vorstellen, wie hier der Gletscher die Wand entlang schrammte und sie schliff und polierte. Die Kompaktheit der Wand täuscht. Bei genauerer Betrachtung entdeckt man zahlreiche kleine Höhlen, unter denen der Fels sehr hell ist. Das sind Karstöffnungen, aus denen bei Niederschlägen Wasser austritt und das Gestein darunter laufend oberflächlich löst. Also flott durchmarschiert! Nach der gewaltigen Wand durchwandern wir „Ur-Gößl". Dort scheint die Zeit stehen geblieben zu sein. Beim Anblick der kleinen, auf engem Raum zusammengeschmiegten Häuser wird einem ganz warm ums Herz.

KAMMERSEE

Einsamer, trinkwasserklarer See in fast unzugänglichem Felskessel „am Ende der Welt"

Lage: Östlich vom Toplitzsee, nur mit der Plätte aus zu erreichen

Seepass: Ca. 730 m Meereshöhe

Der Wasserstand ändert sich je nach Niederschlag: 7 m sind normal, doch steigt der Wasserspiegel bei Hochwasser auf 12 bis 16 m. Höchster Wasserstand: 25 m im Jahr 1977. Ungeheure Wassermassen stürzten damals – wie bei Berggewittern immer – von den ihn umgebenden Fels- und Steilwänden. Gegenüber den Bänken am Ufer sehen wir vom Felsen ein wasserfallartiges Bächlein rieseln: der eigentliche **Traunursprung**. Diese „Baby-Traun" verschwindet kurz im Geröll, um dann als unterirdische Quelle den Kammersee zu speisen und schließlich das gesamte Salzkammergut und das Traunviertel bis zur Donau zu durchströmen.

Besonderheiten: Äußerst beeindruckend ist der im Jahr 1549 in mühevoller Fronarbeit von Strafgefangenen fertig gestellte Durchbruch der Felsschlucht, durch welchen Blochholz vom Kammersee zum Toplitzsee getriftet wurde. Sie müssen diesen **Durchlass** beim Auf- und Abstieg gebührend bewundern!

Von den romantischen Bänken am Seeufer führt ein Steig zum gegenüberliegenden Ufer: Auf mächtigen Felsblöcken, unter überhängenden Felswänden wandern wir zu einer verträumten Seewiese. Felsen locken zum Klettern und Köpfeln, viele Wege leiten kreuz und quer durch den nahen Wald, der absolute Einsamkeit bietet.

Der Kammersee ist nur mit einer Plätte über den Toplitzsee zu erreichen.

Vorderer Lahngangsee/ Hinterer Lahngangsee

Wunderschöner, blau schimmernder Dolinensee

Lage: Nordöstlich vom Grundlsee im Toten Gebirge

Seepass: 1.494 m Meereshöhe, bis zu 75 m tief

Tipp: Mit seinen lärchen- und zirbenbewachsenen Ufern – umgeben von den Felsfluchten des Salzofens und des Neusteins – und den ihn markant flankierenden Bergen ist dieser See ein lohnendes Tagesziel!

91 Zum Vorderen Lahngangsee

Ausgangspunkt: Bad Aussee – Ortsteil Schachen in Gößl am Grundlsee

Wanderzeit: Hin und zurück insgesamt 4–4 ½ Stunden

Schwierigkeit: Längere Bergwanderung ohne besondere Schwierigkeiten

Schon der Anstieg bietet überraschend schöne Ausblicke auf Grundlsee, Toplitzsee und Dachstein. Angeschriebenes Ziel unseres Weges ist die Pühringer-Hütte, aber für eine kürzere Wanderung genügt der See als Endziel.

In Schachen wandern wir auf der Forststraße zunächst nördlich, dann wenden wir uns östlich (rechts, Weg Nr. 214) bis hinauf zum Kanzelmoos-Plateau. Tief unten mäandert ein Bächlein über die Wiesen der Vordernbach-Alm. Es kommt vom Vorderen Lahngangsee, verschwindet bei seiner Talfahrt gleich fünfmal unter den Felsen, um sich dann über die Felswände in den Toplitzsee zu stürzen.

Nach einer langen Querung wird der Schafbühel erwandert, der himmelstürmende Felsgipfel mit seiner lotrechten Wand ist der Salzofen. Nach kurzer Wanderung erreichen wir unseren See und umwandern ihn bis zur nicht bewirtschafteten Lahngang-Alm am Nordende.

92 Zum Hinteren Lahngangsee

Ausgangspunkt: Vorderer Lahngangsee
Wanderzeit: 15 Minuten

Vom Nordende des Vorderen Lahngangsees führt eine Steigspur in nordöstlicher Richtung durch dichten Bewuchs und ist daher teilweise schwer zu sehen (Vorsicht!). Nach etwa 15 Minuten hat man den See erreicht, großteils umsäumen ihn sehr steile Legföhren-, Fichten und Lärchenwälder. Am Ostufer zeugen riesige Blöcke von einem gewaltigen Felssturz, der damals jegliche Vegetation zerstörte.

Trittsichere Wanderer können den gesamten See umwandern, aber im Blockgewirr des Bergsturzes ist Vorsicht geboten.

Am schönsten ist dieser Bergsee im Spätherbst, wenn die Lärchen „brennen" und seiner Umgebung einen feurigen Glanz verleihen.

Dreibrüdersee

Großartiger Bergsee in absoluter Bergeinsamkeit

Wie ein Geschenk des Himmels leuchtet dieser See mit Trinkwasserqualität inmmitten von herrlichen Rastplätzchen auf Felsen und im Gras. Er bietet sandige, seichte Ufer. Wer naturbelassen gebliebene Berglandschaften liebt, findet an diesem See ein Paradies der Stille, Romantik und Einsamkeit.

Lage: Grundlsee, westlich von den Lahngangseen in 1.643 m Seehöhe

93 Über die Gößler Alm zum Dreibrüdersee

Ausgangspunkt: Bad Aussee – Ortsteil Schachen in Gößl am Grundlsee; Weg anfangs Richtung Pühringer-Hütte

Wanderzeit: Ca. 4 Stunden bis zum See

Schwierigkeit: Bergschuhe, Trittsicherheit, Bergerfahrung (der Weg zum See ist zu suchen) und schönes Wetter sind Voraussetzungen.

Manch stille Schönheit bleibt zu Unrecht unbeachtet. Dazu gehört die hoch über dem Grundlsee liegende Gößler Alm. Wir erreichen ihre malerisch gelegenen Wiesen nach einem gewaltigen Steilanstieg. Beim Anblick des sich wie auf einem Präsentierteller darbietenden Gipfelreigen des Toten Gebirges, des Dachsteins und der Hütten der Tauplitz-Alm hält man den Atem an. Beim Halter Hütterl vorbei geht es, allmählich die Baumgrenze durchsteigend, zum Aibl-Sattel. Etwa 15 Minuten danach zweigt der Pfad zum Dreibrüdersee (1.643 m) links ab (Aufpassen, er ist leicht zu übersehen!). Er ist gut begehbar und führt hinab in eine ungemein romantische Senke zwischen mächtigen Felsblöcken, oft mit eigenartig runden Formen, dazwischen tausend Blütenwunder der verschwenderischen Bergflora. Dann haben wir das willkommene, erfrischende Wasser des Sees vor Augen, westlich eine wilde Gipfelflucht mit bizarren Felsgestalten und riesigen Felsstürzen. Man kann hier stundenlang verweilen und dann über die Gößler Alm wieder heimwärts ziehen.

Weitere Wanderungen: Für ausdauernde Extremwanderer schlagen wir noch den Rundgang Wanderung Nr. 94 vor.

94 Dreibrüdersee–Salzofen–Elmgrube–Lahngangsee–Grundlsee

Schwierigkeit: Eine gewaltige 10-Stunden-Tour, für welche dieselben Voraussetzungen wie für Wanderung 93 gelten.

Wieder zurück vom See auf Weg Nr. 213 wandern wir Richtung Salzofen (2.070 m), dessen Gipfel wir wegen seiner prachtvollen Aussicht unbedingt besteigen müssen (steiglos, kurzer, wilder Aufstieg!). Über den Ablasbühel geht es zu den Hütterln der Elmgrube, vorbei an den Lahngangseen. Wenn wir Gößl erreicht haben, liegt ein anstrengender, aber sicherlich unvergesslicher Berggang hinter uns.

Typisch Salzkammergut: Seitlpfeiferin

Glasklarer Dolinen-Hochgebirgssee im Toten Gebirge

In seinem kühlen Wasser zu baden bleibt den ausdauernden Wanderern vorbehalten. Kondition und gutes Schuhwerk sind Voraussetzungen, einen See in dieser Höhenlage zu erreichen.

Lage: Nordöstlich vom Grundlsee, im Toten Gebirge, wenige Minuten von der Pühringer Hütte (sie liegt auf halbem Weg vom Almsee zum Grundlsee) entfernt.

Seepass: 1.637 m Seehöhe, 28 m tief, von Wiesen und Felsen umgeben

95 Vom Grundlsee zum Elmsee

Ausgangspunkt: Bad Aussee – Ortsteil Schachen in Gößl am Grundlsee

Wanderzeit: Ca. 4 Stunden bis zum Elmsee. Tagesbergtour

Einkehrmöglichkeit: Pühringer-Hütte beim Elmsee

Wenn man nach dem Hinteren Lahngangsee die Elmgrube durchwandert hat, kommt man zum Teufels- oder Windloch, aus welchem ständig kühle Winde wehen. Hineingeworfene Blätter kommen meist wieder herausgeflattert.

In Jägerkreisen erzählt man sich, dass ein Berufskollege vor vielen Jahren seine „böse Alte" in dieses Windloch stieß, diese aber wieder wie eine Rakete herausgeschleudert wurde, worauf der Jäger entsetzt ausrief: „Nicht einmal der Teifi mag dich!"

Jägerlatein oder Wahrheit? Auf jeden Fall heißt diese Schlucht seither „Teufelsloch". Wenn wir dann die nächste Höhe erstiegen haben, liegt uns der liebliche Elmsee zu Füßen. Mit ihm ist schon nach wenigen Minuten auch die Pühringer-Hütte erreicht, hinter der sich die alles beherrschende Felsszenerie des Rotgeschirrs breitet.

Weitere Wanderungen: Von der Pühringer-Hütte zum Almsee; 4–5-Seen-Tour (Grundlsee, 2 Lahngangseen, Elmsee, Almsee)

Tipp:

1. Sie sollten sich überlegen, den Berggang zum Elmsee mit einer Nächtigung in der sich gleich in der Nähe befindenden Pühringer-Hütte zu verbinden.
2. Konditionsstarke Bergfexen können zum Almsee weiterwandern. Bei einer Eintagestour wird dem 5-Seen-Wanderer wegen seiner Leistung neidlos gratuliert.

Wiesenlacke (Wiessee)

Lage: Ausgangspunkt Bad Aussee, Gößl, nördlich vom Grundlsee inmitten des Hochplateaus des Toten Gebirges, 1.829 m Seehöhe

Es ist kein Wanderziel wie die „Talseen", sondern wird auf der Weitwanderroute von den Pyrenäen bis zum Wienerwald und weiter „mitgenommen". Auch bei der gewaltigen Eintagestour Altaussee–Appelhaus–Wiesenlacke–Elmgrube–Pühringer-Hütte liegt er auf dem Weg. Man steigt dann entlang des Lahngangsees ab und kann im Grundlsee die heißgelaufenen Füße kühlen. Eine 6-Seen-Tour, die sich sehen lassen kann!

Henarsee

Kleiner, stiller, abgelegener See

Lage: Im Toten Gebirge, östlich vom Appelhaus, 1.691 m.
Ausgangspunkt: Bad Aussee, Gößl, oder Ebensee (vom Offensee)

Seinen Namen hat er vielleicht aus der Zeit, als sich die Sennerinnen dieses Almgebietes noch „Hena" (Hühner) hielten. Er zählt zu den abgelegenen Seen, die mehr seltenes Wild als Menschen zu sehen bekommen. Entsprechende Bergausrüstung ist notwendig.
Die Wasserarmut dieses Hochgebirgsgebietes schlägt sich in den Namen nieder: Es gibt einen Oberen Seeweg, den Mitterseeweg und den Unteren Seeweg, sogar ein „Jägerbründl".
In den kleinen Wassern des Henarsees spiegelt sich der Gipfel des „Redenden Steines" (1.900 m).
Ein alter Senn erzählte meinem Vater, dass der Berg seinen Namen aus der Zeit hat, in der die Almen in dieser Höhe noch bewirtschaftet wurden. Die Almlieder und Jodler der Sennerinnen schwangen bis zu den Felsen dieses Berges und von bestimmten Stellen antwortetet – „redete" – der Berg.
Wir haben es übrigens ausprobiert und von einer schwer beschreibbaren Stelle kam fast ein ganzer Satz zurück, so dass wir behaupten können: ... und er redet doch!

Ein See zum „Mitnehmen"

Lage: Er liegt genau auf halbem Weg vom Altausseer See zur Wildensee Hütte.

Alleiniges Wanderziel ist er nicht, man „nimmt ihn mit", wenn man von Altaussee zum Wildensee wandert.

Die Sage berichtet, dass der Augstwiessee sein Dasein dem Herrgott nur deshalb verdankt, weil dieser mit dem Vieh Erbarmen hatte. Der Weg aus dem Tal über den Hochklapfsattel zu den Weideplätzen bis um den Wildensee war so weit, darum ließ er bei der Erschaffung der Welt gerade dort als Tränke für die Rinder ein Tröpferl fallen: den Augstwiessee.

Jugend im Salzkammergut

ÖDENSEE

Sehr warmer, von bewaldeten Höhen umgebener Moorsee

Lage: Im steirischen Salzkammergut. Auf der Salzkammergut-Bundesstraße 145 liegen zwischen Bad Aussee und Bad Mitterndorf die Ortschaften Pichl-Kainisch, von denen man nach Süden zum Ödensee abbiegt. Großer Parkplatz.

Einkehr: Waldrestaurant Kohlröserlhütte, ausgezeichnete Küche! Kinderspielplatz; Fischereikarten hier erhältlich

Die Natur hat diese Ferienregion wirklich verschwenderisch ausgestattet. Eine natürliche Filmkulisse aus Hochgebirge, Hochmoor, Waldsee und Auwiesen, im Frühling als weiße Narzissenmeere.
Ein EU-Projekt brachte der ganzen Region neuen Aufschwung: Neue, beschilderte Wander- und Erlebniswege, Radfahrwege (Ödensee – Aussee) erschließen den unter Naturschutz stehenden See. Seine ursprüngliche Seen- und vorgelagerte Moorlandschaft ist ein Eldorado für Botaniker und Biologen: Mit Kehrigem Salbei, Moosauge, Fichtenspargel, Schuppenwurz, Farnen, Bärlapparten und Fleisch fressenden Pflanzen seien nur einige botanische Besonderheiten genannt.
Ruhe und Geborgenheit sind Begleiter an diesem See (außer an heißen Badetagen).

Wandermöglichkeiten:

1. In 45 Minuten bequem **um den See**, besonders für Kinder geeignet, kleinste Badeplätzchen locken hauptsächlich am Südostufer zum Plantschen.
2. Ebenso familienfreundlich wandert man zum **Ödensee-Hochmoor**.
3. Für Wanderer sind die **Karstquellen Strumern**, im Frühling eine Naturerscheinung besonderer Art, ein gutes Ziel, etwa 1 ½ Stunden vom Bahnhof Pichl – also wunderbar auch mit dem Zug erreichbar (Salzkammergut-Bahn).

Region Tauplitz

Wem ist sie nicht bekannt, die Tauplitz. Das größte Seen-Hochplateau Europas. Ein Almgebiet in rund 1.600 m Seehöhe, ein herrliches Schigebiet (Schilaufen, Langlaufen, Winterwandern) und wahres Wanderparadies. Sechs Seen laden zum Erwandern und – im Hochsommer – zum Erfrischen ein. Einige sind überraschend groß, romantisch und blumenreich, moorig oder klar, von dunklem Olivgrün bis zum strahlenden Smaragdgrün.
Unsere Rundwanderung beschreibt sie – mit Ausnahme des Kralersees – alle, sie ist eine der schönsten im Steirischen Salzkammergut.
Das gesamte Almgebiet, welches sich kilometerweit über das Hochplateau erstreckt, wird von Straßen und Wegen durchzogen. Es kann daher jeder ganz nach seinem Geschmack dahinwandern, die Wege sind gut markiert.

Steirer See

Seepass: 1.447 m Seehöhe, 112.000 m^2; 20,6 m tief

Vom wunderschönen Aussichtspunkt „Steirerseeblick" leuchtet tief unten der Steirer See, umsäumt von steilen Lärchen- und Fich-

tenwäldern und legföhrenbewachsenen Hängen. Wirkt unser See von oben dunkel, so entpuppt er sich an seinen zum Teil sandigen oder kiesbedeckten Ufern smaragdgrün und glasklar. Seine zwei Inselchen wirken von oben wie Südseeatolle, von türkisblauem Wasser umspült. Ein Eldorado für Familien mit kleinen Kindern und (nicht wildernden!) Hunden, denen hier endlich das Apportieren im erfrischenden Wasser erlaubt ist!

Schwarzensee

Seepass: 1.552 m Seehöhe, 43.000 m², 19 m tief; Regenbogenforellen

Bei Gewitterwolken trägt er seinen Namen zu Recht! Abwechselnd morastige oder sandige Wiesen gehen flach in Ufer über, teilweise durchwachsen mit Hochgebirgsschlingpflanzen.
Ein unterirdischer, leicht zu übersehender Abfluss am Südostufer (Wegseite) verlockte uns zu spielerischen „Experimenten": Der starke Sog zieht Blätter und Zweiglein ins Erdinnere, bei niedrigem Wasserstand scheint das Wasser bergauf zu fließen!
Der schönste Blick bietet sich von den Wiesen des Ostufers: Vor uns liegt der beeindruckende Dachstein mit dem Hallstätter und dem Schladminger Gletscher.

Tauplitzsee

Seepass: 1.604 m Seehöhe, 5.000 m², 4,4 m tief

Er ist ein Sumpfsee, mit Schilfgras bewachsen, in sanfte Almwiesen eingebettet. Mit seinen Almhütten, dem weidenden Jungvieh und dem mächtigen Grimming im Hintergrund bietet er einen romantischen Anblick!

Grosssee

Seepass: 1.569 m Seehöhe, 65.000 m^2, 11 m tief

Recht lieblich liegt der Großsee, umgeben von Wiesen und Hängen, in einer weiten grünen Schale zwischen den Bergen. Sein Zufluss vom Tauplitzsee ist ein bereits selten gewordener ungezähmter Mäander in seiner Urform! Scheuen wir uns nicht, den Sumpfgürtel zu seinem Ostufer zu durchwandern: Vor dem hier weidenden Jungvieh braucht man keine Angst zu haben.

Bei den Kamphütten, im Hintergrund der Almkogel

Märchensee

Seepass: 1.567 m Seehöhe, 1.000 m², 4,5 m tief

Von der Anhöhe des Großsee-Westufers ist er in einer Minute erreicht. Muschelförmig liegt er vor uns, eingebettet in gras- und legföhrenbewachsene Hänge.

Krallersee

Seepass: 1.620 m Seehöhe, 6.000 m², 1,6 m tief

Nicht in diese Runde eingebunden ist der Krallersee, der westlichste See der Seengruppe am Hochplateau der Tauplitz liegt.

96 Tauplitz – 5-Seen-Rundwanderung

Steirer See–Schwarzensee–Tauplitzsee–Großsee–Märchensee

Ausgangspunkt: Bad Mitterndorf. Entweder wir fahren mit dem Auto auf der 9 km langen Mautstraße oder vom Talort Tauplitz mit dem wettersicheren Sessellift auf die Tauplitzalm (1.640 m).

Wanderzeit: Vom Parkplatz bis zum östlichst gelegenen Schwarzensee sind es rund 2 Stunden. Die Runde lässt sich freilich problemlos zu einer genüsslichen Ganztageswanderung ausdehnen.

Einkehrmöglichkeit: Viele bewirtschaftete Hütten im Almdorf auf dem Hochplateau, die östlichste ist die Leistalm-Hütte (1.647 m).

Die Tauplitz ist immer eine Wanderung wert, ob zur Enzianblüte im Juni, zur Almrosenblüte im Juli oder zur „Badezeit" im Hochsommer. Oder im Spätherbst, wenn die Lärchen gelb und golden brennen.

Vom Parkplatz wandern wir entweder auf der Straße oder auf einem parallel verlaufenden Wanderweg immer Richtung Osten / Leistalm-Tragl. Großsee und Tauplitzsee lassen wir vorläufig links liegen. Nach einem Besuch in der Tauplitzkapelle mit ihrem bizarrspitzen Türmchen, deren bunte Glasfenster fröhlich und lebensbejahend stimmen, ist unser erstes Ziel der Steirer See.
Wir wandern noch nicht zu seinem Ufer hinunter, sondern marschieren auf dem Höhenweg; er quert die Hänge oberhalb des nördlichen Seeufers, Richtung Schwarzensee. Dutzende Ameisenhaufen nützen die sonnige Südlage, wir haben noch nie so viele „auf einem Haufen" gesehen! Dieser Weg wird viel begangen, beglückt er doch mit herrlichen Blicken zum Grimming und hinunter zum Steirersee – eine Bergwelt weitab vom Alltagstrubel. Mit einem Weitwinkelobjektiv können wir den ganzen Zauber mit See und Grimming auch im Bild einfangen. Von oben suchen wir uns ein Strandplätzchen für die Ruhepause beim Heimgehen aus, übersteigen eine Viehsperre und stehen vor dem lieblichen Tal, das das Wasser des Schwarzensees füllt.
Mit dem Ostufer ist der östlichste Punkt der Wanderung erreicht. Von hier können wir in einer ½ Stunde zur im Sommer bewirtschafteten Leistalm (1.647 m) wandern (der Weg führt über das Salzsteigjoch nach Hinterstoder), dann gehen wir den Weg zurück und steigen zum Steirersee hinunter. An seinem flachen Sand- und

Plantschvergnügen am Großsee

Kiesufern gibt es jede Menge Plantsch- und Badespaß. Wir wandern dann den Uferweg entlang, ersteigen die steile Kesselwand, nehmen anfangs denselben Weg zurück Richtung Almdorf. Dabei halten wir uns rechts und stehen bald vor dem olivgrünen Tauplitzsee.

Sein Abflussbächlein mäandert zum Großsee, zu dem wir, uns rechts haltend, hinunterwandern.

Auf einem der ausgetretenen Wege queren wir auf dem Nordufer den Schneiderkogel. Direkt hinter dem Großsee (nördlich) liegt der Märchensee.

Wir wandern zurück zum Großsee und an seinem Westufer auf eine Anhöhe mit Bankerl. Mit dem Tiefblick auf den See hat die 5-Seen-Wanderung ihren Abschluss gefunden.

Wir wenden uns nach rechts in Richtung der drei Hütten, hinunter zum Alpengasthof, nehmen die sanft den Berg hinaufführende Schotterstraße und treffen direkt auf die Zufahrt, die hinunter zum Parkplatz oder hinauf zum Sessellift führt.

97 Die 5-Seen-Tour

Salza-Stausee–Ödensee–Grundlsee–Toplitzsee–Altausseer See

Besonderheit: Ein Tipp für Radfahrer und Weitwanderer!

Ein Unternehmen, bei dem sich die Familie in Radler und Wasserratten „teilen" kann. Man setzt den Radfahrer beim Salza-Stausee ab und fährt selbst zu einem der fünf Seen, um zu baden (nicht am Salza-Stausee!). Den Radler kann man zu einem vereinbarten Zeitpunkt am Zielsee wieder „aufklauben".

Vom Salza-Stausee führt der Weg 30 km durch die verwunschene Moorlandschaft „Laasen" zum Ödensee (780 m). Von dort geht's nördlich über den Radlingpass (853 m) zum Grundlsee und diesen entlang nach Gössl. Von hier zum geheimnisvollen Toplitzsee. Ein Abstecher zum Kammersee am romantischen Ende des Tales mit der Plätte lohnt sich bestimmt. Vom Grundlsee gelangt man auf einer mäßig ansteigenden Waldstraße über Obertressen zum Altausseer See (710 m).

Salza-Stausee

Romantischer Speichersee in schluchtartigem Hochtal

Der Salza-Stausee verdankt sein Dasein ausschließlich unserem Energiebedarf. Im Jahr 1946 wurde mit dem Bau von Staumauer und Kraftwerk begonnen. Heute schmiegt sich der See scheinbar völlig natürlich in das schmale, schluchtartige Hochtal westlich des mächtigen Grimming.
Entlang seines Westufers führt eine für den allgemeinen Verkehr gesperrte Straße entlang, stellenweise durchbrechen Tunnels die senkrechten Felswände. Der Salza-Stausee entwässert durch die Salza bei St. Martin in die Enns.

Lage: Südlich von Bad Mitterndorf, westlich vom Grimming

Seepass: 770 m Seehöhe, 5 km lang, 53 m tief

Einkehr: Kurhotel Restaurant Bad Heilbrunn am Nordende des Sees

Aktivitäten: Bootsvermietung, ½ km nach dem Beginn des Sees

Radfahren: Radfahrweg von Bad Mitterndorf, entlang des Westufers bis St. Martin

Fischen: Forellen (Fischerkarte in der Kurverwaltung Bad Mitterndorf)

Wegen der sehr steilen Ufer gibt es keine Badeplätze.

98 Fußweg mit Tiefblicken

Ausgangspunkt: Bad Mitterndorf, Salza-Stausee

Bald nach Beginn der Uferstraße zweigt rechts eine Forststraße ab, welche eine schöne Wanderung mit Tiefblicken auf einen Teil des Stausees bietet, der sich hier in großzügigen Mäandern durch das Tal schlängelt. Talauswärts erblickt man das Tote Gebirge und die sich durch den Wald windende Tauplitz-Alpenstraße. In östlicher Richtung beherrscht die mächtige Felskulisse des Grimming den gesamten Raum.

SPECHTENSEE

Fischreicher Moorsee

Ein idyllisch gelegenes kostbares Moorbiotop – ein Geheimtipp unter Steirern!

Von der Ortschaft Tauplitz führt eine ca. 8 km lange asphaltierte Straße bis zum Parkplatz bei der Spechtensee-Hütte (1.045 m) am Spechtensee. In wenigen Minuten erreichen wir das Ufer dieses teilweise von Bäumen umwachsenen Ruhe ausstrahlenden, freundlichen Gewässers. Liebhaber mooriger Fluten dürfen in ihm ein Moorbad nehmen (allerdings auf die Gefahr hin, dass sie Opfer von Blutegeln werden).

Lage: Östlich von Tauplitz, am östlichen Zipfel des Salzkammergutes

Seepass: 1.051 m Seehöhe; 4 Hektar; bis 10 m tief

Einkehr: Wörschach-Walderhof, Jausenstation Spechtensee-Hütte (Sommerbetrieb; kinderfreundlich; Spezialität Palatschinken)

Aktivitäten: Fischen (Fischerkarten in der Spechtensee-Hütte)

Langlaufloipen: Vom Wörschach-Walderhof zum See und um den See

Die Umgebung des Spechtensees bietet eine Menge schöner Wanderungen, zwei davon haben wir ausgewählt.

99 Rund um den Spechtensee

Ausgangspunkt: Spechtensee-Hütte

Wanderzeit: Etwa 20 Minuten

Auf einem schönen Wanderweg umrunden wir den See und genießen die Ruhe und die prachtvolle Landschaft, in welche dieser See gebettet ist.

100 Über die Stoiring-Alm auf die Bärenfeicht'n-Alm (1.474 m)

Ausgangspunkt: Bauer Mojer (gegenüber der Spechtensee-Hütte)

Wanderzeit: Etwa 1 ¾ Stunden bis zur Bärenfeicht'n-Alm

Einkehrmöglichkeit: Spechtensee-Hütte

Eine reizende Wanderung bis oberhalb der Waldgrenze mit wunderschönen Ausblicken!

Vom Bauern Mojer oder von der Spechtensee-Hütte (Parkplätze) wandern wir auf markiertem Wanderweg durch den Wörschachwald zur Stoiring Alm (1.432 m) und von ihr hinauf zur prächtig gelegenen Bärenfeicht'n-Alm. Die herrlichen Ausblicke auf den mächtigen Grimming bei der Fahrt nach Tauplitz hinunter sind das Tüpfelchen auf dem I dieser Wanderung mit Seenbesuch.

Wanderungen nach ihrer Schwierigkeit

Mit Buggy befahrbare Wege
Wanderung Nr. 7, 31, 47, 48, 50, 52, 54, 55, 57, 58, 60, 62, 65, 66, 68, 74, 83, 84

Spaziergänge
Wanderung Nr. 1, 5, 7, 10, 12, 17, 18, 19, 20, 21, 25, 26, 27, 28, 29,30, 33, 34, 36, 38, 39, 40, 41, 43, 44, 51, 54, 56, 61, 63, 67, 68, 69, 71, 72, 73, 75, 76, 85, 86, 87, 89, 90, 96, 97, 98, 99, 100

Leichte Wanderungen
Wanderung Nr. 2, 3, 4, 6, 8, 9, 11, 13, 14, 15, 22, 24, 32, 35, 37, 41, 44, 46, 49, 53, 56, 59, 64, 68, 70, 78, 79, 81, 87, 88, 91, 92

Bergtouren
Wanderung Nr. 23, 42, 45, 56, 77, 80, 82, 93, 95

Radtouren
Tour Nr. 16, 41, 97

Orts- und Sachregister

Die trittsicheren Wanderführer mit stimmungsvollen Farbbildern zu den

Hans Wall
Wandererlebnis
Mühlviertel
Spaziergänge und
Wanderungen

176 Seiten mit ca. 80 Farbfotos und zahlr. Karten
ISBN 3 85326 174 4

R.Hinterhölzl /
M.Pühringer
Mountainbike
Oberösterreich
64 Tourenvorschlä

176 Seiten mit ca. 50 Farbfotos und 50 Karten und Höhenprofile
ISBN 3 85326 183 3

Gerhard Zadrobilek
Mountainbike
Niederösterreich
Die 50 schönsten
Touren

152 Seiten mit zahlr. Farbfotos und Karten
ISBN 3 85326 520 0

Josef Limberger
Naturerlebnis
Oberösterreich
Die schönsten
Wanderungen

176 Seiten mit ca. 100 Farbfotos und zahlr. Karten
ISBN 3 85326 138 8

C. Heugl / W. Tonis
Naturerlebnis
Salzburg
Die schönsten
Touren

168 Seiten mit 70 Farbfotos und zahlr. Karten
ISBN 3 85326 519 7

Hans Hödl
Wandererlebnis
Wiener Hausberg

176 Seiten mit ca. 60 Farbfotos und 30 Karten
ISBN 3 85326 109 4

etaillierter Routenbeschreibung und
chönsten Natur- und Kulturlandschaften

M. Luckeneder/ H. Loderbauer
Wandererlebnis 76 Seen im Salzkammergut
Spaziergänge & Wanderungen

6 Seiten mit ca. 80 Farbfotos und
ılr. Karten
ˈN 3 85326 143 4

M. Luckeneder / H. Loderbauer
Wandern und Bergsteigen in Oberösterreich

192 Seiten mit 40 Farbfotos und
80 Karten
ISBN 3 85326 171 X

B. Baumgartner / K. Oswald
Naturerlebnis Niederösterreich

4 Seiten mit zahlr. Farbfotos und
ten
N 3 85326 136 1

B. Baumgartner
Wandererlebnis Waldviertel und Wachau
Die 50 schönsten Routen

200 Seiten mit zahlr. Farbfotos und
Karten
ISBN 3 85326 044 6

Hans Hödl
Wandererlebnis Totes Gebirge

5 Seiten mit 90 Farbfotos und
Karten
N 3 85326 170 1

Hans Hödl
Wandererlebnis Hochschwab & Hohe Veitsch

176 Seiten mit ca. 70 Abbildungen und
20 Karten, geb.
ISBN 3 85326 130 2

Die grünen Dächer Österreichs

ALManach Oberösterreich
Spaziergänge und Wanderungen

160 Seiten mit zahlr. Abbildungen und Illustrationen
ISBN 3 85326 210 4

ALManach Niederösterreich
60 ausgewählte Almen und Wanderrouten

160 Seiten mit zahlr. Abbildungen und Illustrationen
ISBN 3 85326 694 1

ALManach Steiermark
Die schönsten Almen und Wanderrouten

160 Seiten mit zahlr. Abbildungen und Illustrationen
ISBN 3 85326 754 9

ALManach Kärnten
aktualisierte Neuauflage

104 Seiten mit zahlr. Abbildungen und Illustrationen
ISBN 3 85326 211 2